# कबीर का मोहल्ला

# कबीर का मोहल्ला

मज़्कूर आलम

वाणी प्रकाशन

वाणी प्रकाशन
*4695, 21-ए, दरियागंज, नयी दिल्ली 110 002*

शाखा
*अशोक राजपथ, पटना 800 004*

फ़ोनः +91 11 23273167 फ़ैक्सः +91 11 23275710

www.vaniprakashan.in
vaniprakashan@gmail.com

KABIR KA MOHALLA
*by* Mazkoor Alam

ISBN : 978-93-5072-980-9
Collection of Short Stories



प्रथम संस्करण 2015
मूल्य : ₹ 275



*ग्लोबल प्रिंटिंग सर्विसेज, दिल्ली-110 092 में मुद्रित*

*वाणी प्रकाशन का लोगो मक़बूल फ़िदा हुसेन की कूची से*

## समर्पित

*अम्मी स्वर्गीय सोग़रा खातून को*
*जिन्होंने मेरे अंदर इंसानियत में भरोसा जगाया*
*और तमाम विषम परिस्थितियों के बावजूद*
*जिनका यक़ीन मुझ पर बना रहा।*

## अफसोस

*अम्मी की जिंदगी में मैं अपना संग्रह न ला सका।*

## तसल्ली

*मेरे अब्बा मोहम्मद नसीरूल हक़, जिन्होंने*
*अम्मी के इंतक़ाल के बाद मुझ में आती जा रही*
*नाउम्मीदी को दूर धकेला।*

# अपनी बात

## ये एहतियात जरूरी है इस बहर के लिए

अपनी किताब छपते वक्त अधिकतर लेखक चाहते हैं कि उनकी किताब पर उसी क्षेत्र से जुड़े किसी बड़े लेखक या आलोचक का कुछ लिखा जरूर हो। लेखन के क्षेत्र में भूमिका, प्राक्कथन या दो शब्द लिखवाने का लगभग स्थायी रिवाज-सा है, खास कर साहित्य में। मैं पक्के तौर पर तो यह नहीं कह सकता कि यह सिलसिला कब शुरू हुआ या फिर ये रवायत में कैसे शामिल हो गया, लेकिन इतना तय है कि इसे एक परंपरा के रूप में स्वीकार कर लिया गया है। इसके अलावा कृति साहित्य को लेकर एक प्रश्न और स्वाभाविक रूप से मन में उठता है कि क्या कृति के लिए भूमिका इतनी आवश्यक है? क्यों न लेखक ही पाठकों से सीधे संवाद करे?

मेरी समझ से ये दोनों प्रक्रियाएं अपनाई जा सकती है। दोनों में से किसी में बुराई नहीं है। अगर लेखक को लगता है कि वह खुद को ज्यादा बेहतर तरीके से व्याख्यायित कर सकता है तो उसे खुद ही पाठकों से रू-ब-रू होना चाहिए। खैर... यह निरंतर चलने वाली बहस की प्रक्रिया है। यह सवाल सुधि पाठकों और नक्कादों के लिए छोड़ कर मैं अपनी बात मुख्तसर में रखने की कोशिश करता हूं।

लेखन भी जीवन की तरह अनवरत चलने वाली यात्रा है और यात्राएं कभी किसी मंजिल तक पहुंच कर नहीं रुकती, न ही वह सिर्फ विकास या विनाश की अनुगामिनी होती है। लेखन और जीवन दोनों की यात्रा इन्हीं दोनों के मध्य अपनी राह चुनती आगे बढ़ती जाती है। हालांकि 'लेखन' की बात करने पर इससे सिर्फ सृजन का बोध होता है, लेकिन अगर गहरे तल पर देखा जाए तो यह जितना सृजन करता है, उतना ही विध्वंस भी करता चलता है। यह महज लिखते हुए ही आगे नहीं बढ़ता, बल्कि उतना ही मिटते-मिटाते भी चलता है। यहां पर यह भी गौर करना होगा कि जो मिटाया जाता है या जो लिखा नहीं जाता, वह क्या है? क्या वह मिट कर कोरे स्लेट की तरह हो जाता है? शायद नहीं? वह और भी अमिट होकर मानस पटल पर अंकित हो जाता है,

क्योंकि न लिखा जाना भी लेखकीय चुनाव होता है। इस मामले में एक लेखक को बहुत सेलेक्टिव होना पड़ता है कि क्या लिखा जाए और क्या न लिखा जाए... और उस न लिखे की अभिव्यक्ति को कभी-कभी सिर्फ समयबद्धता बहुत प्रभावशाली बना देती है। कभी-कभी तो वाक्य या शब्द के बदले आया सिर्फ एक पंक्चुएशन मार्क अभिव्यक्ति को इतना प्रभावशाली बनाता है, जिसे पैरा के पैरा लिख कर उतने प्रभावी तरीके से नहीं कहा जा सकता।

एक बात और, कहानी भी जिंदगी की तरह ही होती है। सीधे शब्दों में कहा जाए तो एक मुकम्मल कहानी सारोकारों से बनती है, क्योंकि वह कई-कई जिंदगियों के अंश खुद में समेटे होती है, इसीलिए वह खुद में एक मुकम्मल जिंदगी नहीं होती। ठीक वैसे ही जैसे एक मुकम्मल जिंदगी भी जन्म के समय से ही अधूरी हसरतों के साथ शुरू होती है और मंजिल तलाशती ही खत्म हो जाती है। यह अलग बात है कि इसकी इस तरह भी व्याख्या कर ली जाती है कि अंत ही मंजिल होती है। ऐसे में जाहिर है कि जब कोई कहानी पूरी होगी तो कारईन के मन में यह सवाल उठना स्वाभाविक है कि अरे ये क्या? कहानी तो बड़े झटके से खत्म हो गई... या कुछ है जो शेष रह गया...। ऐसा आपको इस संग्रह की कहानी '...और फिर परिवार', 'त्रिशंकु' और 'बस यहीं तक' पढ़ते हुए भी प्रतीत हो सकता है। यहां पर मैं बस इतना ही कहना चाहूंगा कि वे इबारतें जो मिटा दी गई हैं या लिखी नहीं गईं, वे जिंदगी की उन हसरतों-अकुलाहटों की तरह हैं, जो इन कहानियों की तरह ताजिंदगी साथ-साथ चलती रहती हैं, जो कभी हरारत से भरती हैं, कभी हलकान करती हैं, तो कभी-कभी सवाल बन कर हमारे सामने तन जाती हैं।

इसी तरह कभी ये लगता है कि फलां कहानी तो यहीं पर खत्म हो जानी थी, क्यों लेखक ने इसे क्लाइमैक्स पर नहीं छोड़ा? आगे क्यों ले गया? ऐसा कुछ संग्रह की कहानी 'कबीर का मोहल्ला', 'छलात्कार' और 'पानीदार' के साथ लग सकता है। यकीनन मुझे भी लगा था कि ये कहानियां जहां खत्म की गई हैं, उससे पहले भी खत्म की जा सकती थीं, लेकिन कई बार ऐसा लगना तात्कालिक भावुकता होती है, जो इस तरह के अंत और सोच के लिए प्रेरित करती है। संवेदनशील होकर सोचने से बात जुदा हो जाती है। इसका दूसरा अहम कारण यह भी है कि जब जिंदगी किसी क्लाइमैक्स या किसी मंजिल पर खत्म नहीं होती, तो फिर क्यों जरूरी है कि कहानियां किसी ऐसे मुकाम पर ही खत्म हों। बहते पानी और चलती जिंदगी की तरह ही वह झटके से या घिसटते हुए भी तो खत्म हो सकती हैं, जैसे- जिंदगी रोज लगने वाले धक्कों या उपलब्धियों के बाद भी घिसटती है, चलती है व कभी-कभी और खूबसूरत होकर निखर जाती है। वैसे ही हर बार कहानियों को भी किसी क्लाइमैक्स या

मंजिल की बाट नहीं जोहनी चाहिए। वह उसके बाद भी चल सकती है, घिसट सकती है या खूबसूरती उभारती सामने आ सकती है। यहां पर मैं खास तौर से इस संग्रह की कहानी 'छलात्कार' का जिक्र करूंगा। यह पूरी कथा भौतिक द्वंद्ववाद के रास्ते बढ़ती है। आधुनिक और रुढ़िवादी विचार या यूं कह लें कि परम्परागत और वैज्ञानिक सोच के बीच लगातार संवाद स्थापित करती चलती है। अब ये दोनों सोचें कब तक चलती रहेंगी, (चिरकाल तक या अनंत-अनंत तक) कम से कम मुझे तो नहीं पता। जाहिर है, ऐसे में कहानी को मैं ऐसे ही खत्म कर सकता था- 'मुझे नहीं पता!' और मैंने वही किया, बाकी ये आप पर मुनहसर है कि आप किसके साथ जाना या होना चाहते हैं।

मैंने अपनी कहानियों की भाषा भरसक सहज रखने की कोशिश की है- आम हिन्दोस्तानी जुबान में, क्योंकि कई बार गोल-गोल जलेबियों जैसी या चाशनी में डुबा कर कहानियां लिखने की कोशिश-ओ-प्रक्रम लेखक और पाठक दोनों को कथ्य से भटका सकता है या एक भ्रम का आवरण तैयार कर सकता है, जिससे निकलना मुहाल हो सकता है।

इसी तरह मेरा मानना है कि भाषा के साथ-साथ कहानी का रचना काल भी बहुत मायने रखता है। बहुत जल्दबाजी रचना को कमजोर बना सकती है। हो सकता है कि कथ्य बहुत महत्वपूर्ण होते हुए भी जल्दबाजी की वजह से रचना परिपक्वता के साथ कागज पर न उतर सके। शायद मेरी इसी सोच की वजह से रचना काल मेरी रचना प्रक्रिया का अहम् हिस्सा रहा है। 'त्रिशंकु' जो दो महीने में और 'दिक्-दिगंतर कथा' जो एक सीटिंग में लिख डाली थी को छोड़कर बाकी सभी कहानियों का रचना काल एक साल से तीन साल का रहा है। हां, यह जरूर है कि इस दौरान एक साथ कई-कई कहानियों पर काम चलता रहा है जिनमें से कुछ इस संग्रह में हैं और कुछ पर अब भी काम चल रहा है।

मैं इस बात का भी हामी हूं कि एक ही तथ्य-कथ्य पर एक लेखक ढेर सारी कहानियां लिख सकता है, क्योंकि हर तथ्य-कथ्य बहुआयामी होता है और कोई जरूरी नहीं कि एक ही कहानी में उन तथ्यों-कथ्यों की हर बात समाहित हो जाए, क्योंकि हर पहलू अपने आप में एक अलग कहानी समेटे होता है, इसलिए अगर एक लेखक किसी खास विषय पर एक से ज्यादा कहानी लिखता है तो यह बुरा नहीं और न उसे इससे गुरेज करना चाहिए। अगर कोई ऐसा कर रहा होता है तो वह मआसरे के साथ ज्यादती कर रहा होता है। क्योंकि ऐसा करने से संभव है कि वे विचार उसके साथ ही चले जाएं जो समाज के लिए हितकारी थे। यही वजह है कि हमारी थाती, सआदत हसन मंटो समेत कई लेखकों ने ऐसा पहले भी किया है और एक ही विषय

पर कई-कई कहानियां लिखी हैं और एक ही विषय पर लिखी लगभग हरेक कहानी साहित्य में मील का पत्थर साबित हुई हैं। ऐसा इसलिए भी होता है कि हर लेखक का अपना एक खास परिवेश और विशिष्ट समय होता है और वह उन्हीं अनुभवों को अपनी कहानियों में उतार रहा होता है।

मुझे यह हमेशा लगता रहा है कि अगर कोई लेखक कथ्य में विविधता लेकर आता है और साधिकार उस पर बात कर सकता है तो उसे वह भी लिखना चाहिए। अपनी एक खास तरह की पहचान बनाने के लिए उससे बचना नहीं चाहिए। साथ ही एक और जिम्मेदारी जिसे मैं महसूस करता रहा हूं कि रचनाएं सामाजिक और मनोवैज्ञानिक चेतना से लैस होनी चाहिए, वह भी आमफहम जुबान में, ताकि वह एक बेहतर समाज के गठन में मदद कर सकें, और आने वाली नस्लों के सामने हमें इस बात के लिए शर्मिंदा न होना पड़े कि हमने उनके लिए और बेहतर दुनिया बनाने की कोशिश तक नहीं की। वैसे भी समाज की बुराइयों से लड़ने का सबसे अच्छा तरीका यही है कि हर विचार के बरअक्स एक सकारात्मक प्रतिरोधी विचार भी मजबूती से खड़ा रहे, सिर्फ रचनाओं में ही नहीं, जीवन में भी और यही विचार हमें कथ्य में विविधताओं के बावजूद देश-दुनिया से जोड़ती हैं। जिसकी वजह से अलग माहौल और अलग समाज में रह रहे सात समुंदर पार के व्यक्ति को भी लगता है कि अरे! ये बात तो हमारे बीच की है। यह तो हम पर ही लिखा गया लगता है।

ठीक वैसे ही जैसे हर दौर में आम आदमी के पसंदीदा और महबूब और मकबूल शायर बने रहे चचा गालिब की रचनाओं में झलकता है। उन्हें किसी खास दौर का, समाज का, विशिष्ट लोगों का शायर या खास सीमाओं के दायरे में बांध कर हम नहीं देख सकते। यह उनकी ताकत ही है कि दरबार में कभी जगह नहीं मिलने के बावजूद हर समाज और हर दौर में उनके पैर मजबूती से टिके रहे, क्योंकि उनकी रचनाओं को आमजन का प्रश्रय मिला। उनकी रचनाएं क्लासिकल होने के साथ-साथ लोकप्रिय भी इसीलिए हैं कि उन्होंने आमफहम जुबान में आम लोगों के लिए लिखा।

मैं अपनी बात ऐसे ही एक और मकबूल शायर दुष्यंत कुमार की बात से खत्म करता हूं–

*वे मुतमइन हैं कि पत्थर पिघल नहीं सकता*
*मैं बेकरार हूं आवाज में असर के लिए,*
*तेरा निजाम है सिल दे जुबान शायर की*
*ये एहतियात जरूरी है इस बहर के लिए।*

# अनुक्रम

# ...और फिर परिवार

वह पंखे से झूल रही थी। उसकी दोनों आंखें कोटरों से बाहर निकल कर दुनिया को घूर रही थीं और अपनी बिंदास जिंदगी की तरह जुबान बाहर निकाल वह लोगों को चिढ़ा रही थी। यह उसका चिर-परिचित अंदाज था... वह जब तक जी, जमाने को ठोकरों पर रखा और दुनिया को अलविदा भी अपने उसी पसंदीदा अंदाज में किया...

आज बस एक ही कमी थी... सुपरिचित अंदाज में उसके हाथ ठेंगा दिखाते हुए दुनिया की ऐसी की तैसी नहीं कर रहे थे। बेजान लटके नीले पड़े हाथों की नीली अंगुलियों में भी जिंदगी से मिली कड़वाहट साफ झलक रही थी। सख्त अंगुलियों ने कोढ़ियों सी अजीब शक्ल अख्तियार कर ली थी। मुड़कर अकड़ी अंगुलियां न जाने क्या इशारे कर रही थी। संकेतों की इसी अबूझ गुत्थी को सुलझाने में पुलिस सुबह से ही माथा फोड़ रही थी। मगजमारी तेजी से छापेमारी में तब्दील होती जा रही थी। पुलिस उसके कमरे की एक-एक चीज पर ऐसी गिद्धदृष्टि गड़ा रही थी, मानों सारे राज... अब यह कोना, यह कपड़ा, यह अलमीरा...

या फिर यह चिट्ठी... हां, यह चिट्ठी... बिस्तर को कितनी बार उलट-पुलट चुकी पुलिस को मुंह बिचकाती न जाने कैसे उनकी निगाहों से बच निकली थी। दरअसल यह तकिये के कवर में घुसकर सिकुड़ी-सिमटी अपनी लाज बचा रही थी। वही लाज, जो उसके मुंह से निकले जुबान की तरह संसद से सड़क तक आ गई थी... जिसका अंतिम संस्कार चाय की दुकानों से लेकर ठंड के मौसम में डाइनिंग रूम तक को गर्म करने के लिये बौद्धिक जुगालियों में किया जा रहा था...

इज्जत की तरह बची न रह सकी वह चिट्ठी भी... गिद्धदृष्टि वाली पुलिस के हाथों से तो बच गई, लेकिन नीतिका की निगाह से बची न रह सकी... उसने सबसे नजर बचाकर चिट्ठी उठा ली... निकलते ही चिट्ठी ने चीत्कार शुरू कर दी... घिघियाई भी... आंखें भी दिखाई और हमदर्दी नहीं, सच्चे प्यार की तलाश

में दीदी की गोद में छिपने की कोशिश भी की...

तुम सही थी नीतिका... तुम सही थी... हां, नीतिका तुम ही सही थी... लेकिन पूरी तरह नहीं... क्योंकि गलत तो मैं भी नहीं थी... गलत थे हमारे हालात... नहीं हालात नहीं... समाज... यह कह-कहकर मैंने खुद को दिलासा देने की बहुत कोशिश की, मगर हर बार आ खड़ा हुआ यह दैत्याकार प्रश्न कि हालात और समाज तो हम दोनों के लिये एक ही थे... एक ही घर, एक ही मां-बाप, एक ही परिस्थितियां... एक ही जैसा पालन-पोषण, एक ही स्कूल... एक जैसी शिक्षा-दीक्षा... शक्ल-सूरत भी लगभग एक सी... इस कदर एक कि लोग अक्सर हमें देख हमारे जुड़वां होने का भ्रम पाल लेते थे... उन्हें कभी लगता ही नहीं था कि तुम मुझसे पूरे चार साल बड़ी हो...

तुम बड़ी थी उम्र में, मगर तुम्हारे सपने बहुत छोटे-छोटे थे... मुझे चिढ़ थी इस बात से। चिट्ठी ने मुंह बिचकाया और जीभ निकाल कर मुंह चिढ़ाने लगी- दो कपड़ों में गुजारा... सर्दी पड़े तो परेशान कि गर्मी कहां से लायें और गर्मी में हलकान कि थोड़ी ठंडक कहां से मिले... बिजली का बिल बहुत ज्यादा आ रहा है पंखा-बत्ती का संभलकर इस्तेमाल करो। हीटर पर खाना मत बनाओ... कूलर बंद करो, लगातार रात भर चला है, थोड़ा आराम दो, कहीं खराब न हो जाए... हरी सब्जी की कीमत आसमान छू रही है... जब तक दाम कंट्रोल में न आ जाएं, राजमा, चना या दाल ही बना लिया करो... इनके भी दाम में तो आग लगी हुई है... नमकीन पराठा ही बना ले, चाय में बोरकर खा लेंगे... यह भी कोई जीवन है...

तुम कहती थी न नीतिका, ऐसे नहीं ऊबते... कभी घना-घना, कभी मुट्ठी चना, कभी वो भी मना... लेकिन हर हाल में इज्जत ढकना सीखो, खुश रहना सीखो... बुरे दिन हमेशा नहीं रहेंगे... अच्छे दिन आयेंगे...

इज्जत! कौन-सी इज्जत... क्या भूखे रहना इज्जत है... या दूसरों को चिकनी-चुपड़ी खाते देखना... बता मेरी बहना... या इस टूटे घर में रहना इज्जत है... या टूटे जंगले और दरार पड़ी किवाड़ों से झांकती दुनिया की लोलुप निगाहों का शिकार होना इज्जत है... या घर के अंदर टपकती बारिश के कतरों के बीच कतरे-कतरे जिंदगी को तरसना इज्जत है... बता, बता मेरी बहना... बता ना...

धीरज रख... सब्र का फल मीठा होता है... ईश्वर पर भरोसा कर... इंतजार कर... सब ठीक हो जाएगा... ये इंतजार का वक्त है...

इंतजार... इंतजार... इंतजार... और कितनी प्रतीक्षा करती मैं... हां नीतिका,

ये इंतजार की काली रातें तो कभी खत्म होने का नाम ही नहीं ले रही थीं.... प्रतीक्षा में पहले लड़कपन, फिर मेरे किशोरावस्था खो गए... खो क्या गए, मर गए... और तिल-तिलकर मरती रही मैं... हर पल... हर जरूरत के लिए... अब मैं जवान हो गई थी... मेरे सपने, मेरी इच्छाएं सब जवान हो रही थीं... मगर घर के हालात वहीं के वहीं.... सच कहूं तो उससे भी बदतर... क्योंकि बड़े होने के साथ-साथ हमारी जरूरतें भी बढ़ी थीं... महंगाई भी बढ़ी थी... और आमदनी वही... अब सबकुछ वही एक-एक निवाले के लिए हिसाब-किताब वाला मामला भी नहीं था... जहां पेट भर खाना तक मुहैया न हो, वहां जवान होती इच्छाओं का क्या मतलब? उन्हें तो मुकम्मल नहीं ही होना था... उस पर से हर वक्त की तुम्हारी कचर-कचर... कभी किसी को मुकम्मल जहां नहीं मिलता, कहीं जमीं, तो कहीं आसमां नहीं मिलता... लेकिन तुम्हें या हमें क्या मिला था?

जमीं?

नहीं!

आसमां?

नहीं!

फिर मुकम्मल की बात ही क्या करना? यहां तो एक टुकड़ा भी नसीब नहीं... लेकिन किस्मत के भरोसे जीने वालों में से तुम थी नीतिका... मैं नहीं... तुम्हारी इन्हीं बातों ने मेरे अंदर विद्रोह के शरारे भर दिये थे... दुनिया से... इस मुफलिस जिंदगी से... और इतनी विवशता भरी जिंदगी देने वाले ईश्वर से...

चिट्ठी तनी... तनकर खड़ी हो गई... हमारे पास भाग्य नहीं, न सही... मजबूत आर्थिक-सामाजिक बैकग्राउंड नहीं, न सही... सुंदरता है... सुडौल देह है... अंग्रेजी मीडियम की आधुनिक शिक्षा है... कॉन्वेंट की पुअर स्टूडेंट फंड की कृपा से ही सही मगर है तो...

तो? नीतिका का सवाल...

चिट्ठी मुस्कुराई... एक रहस्यमयी मुस्कान... मैं तेरी तरह कुएं की मेढ़क नहीं... मैंने इस शतरंजी दुनिया में अपनी गोटी ढूंढ़ निकाली है... और सचमुच गोटी फिट तो कर ही ली थी मैंने नीतिका...

फिर! फिर क्यों हुआ यह सब? क्यों? चिट्ठी दहाड़ी... राक्षसी दहाड़... दिक्-दिगान्तर थर्राये...

थर्राती क्यूं है तू नीतिका! मैं कोई चोरी बेईमानी करने तो जा नहीं रही... इंटरव्यू देने जा रही हूं... एक नये एयरलाइंस की शुरुआत होने जा रही है... उन्होंने एयरहोस्टेस के लिए वैकेंसी निकाली है... मैंने अप्लाई कर दिया है... इंटरव्यू कॉल

भी आ गया है... मैं इंटरव्यू देने जा रही हूं...

मैं इंटरव्यू से थर्रा नहीं रही, मगर ठीक से देख लेना, कैसा ऑर्गनाइजेशन है... क्या फ्यूचर है उसका... वहां तेरा फ्यूचर कितना सेफ है... क्योंकि सिर्फ 10+2 के बाद जा रही है तू नौकरी खोजने... पढ़ाई बीच में छोड़कर... एयरहोस्टेस की नौकरी बिना विशेषज्ञता के नहीं मिलती... उसका भी कोर्स होता है... वह भी नहीं किया है तूने... अगर कुछ गड़बड़ हुआ तो...

...तो मेरी नौकरी पक्की है... मैं जानती हूं जुगाड़... प्राइवेट कंपनियों में कैसे नौकरी पाई जाती है... सब जानती हूं... कच्ची गोटियां नहीं खेली मैंने... मेरी छोड़ तू अपनी बता... तूने कौन-सा तीर मार लिया है... तूने तो एमए कर रखा है न... हायर एडुकेशन... क्या मिला तुझे... क्या कमाल कर गई तू... एक प्राइवेट स्कूल टीचर... पांच हजार की तनख्वाह... अब बीएड के लिए मगजमारी... बीएड करके भी कौन-सा कारून का खजाना हाथ लग जाएगा... पंद्रह या बीस हजार... मेरी तो सैलरी ही शुरू होगी पंद्रह हजार से...

ऐसा न हो कि...

ओफ्फ...ओ... तू चुपकर...

चिट्ठी खिलखिलाई... तू हमेशा रोंदू की रोंदू ही बनी रहेगी... डरती ही रहेगी... तो डरती रह... जो रिस्क लेते हैं, वही तरक्की करते हैं, ठाठ की जिंदगी जीते हैं... वैसे भी डर के आगे ही जीत है...

देख जीत गई मैं... चिट्ठी किलकी, चहकी और नीतिका के गले में बाहें डाल झूल गई... नीतिका भी चहक उठी... उस दिन घर में मटन-पुलाव पका... सब ने छक कर खाया.... चिट्ठी ने चटखारे लिए...

देखा नीतिका, हिम्मते मरदां, मददे खुदा... मैंने हिम्मत की तो आज हम खा रहे हैं पुलाव-मटन... वरना महीने भर एड़ियां रगड़ने के बाद मिलते वही पांच हजार और खाते वही नमक-रोटी...

हाय, यह क्या मेरी रोंदू... आज तो तू भी मुस्कुरा रही है... कैसे हुआ यह चमत्कार... जरा ठहर, मैं देख के आती हूं, जरूर आज तेरे सूरज देवता पच्छिम से निकले होंगे... और तू हंसी थी ठहाके लगाकर... मैं भी हंसी थी... उस दिन पहली बार हंसा था हमारे घर का कोना-कोना... मम्मा-पापा के चेहरे, हाथ, कान उनका रोम-रोम आशीष बरसा रहा था...

चिट्ठी फिर चीखी... अजीब घर्र-घर्र-सी अनसमझी चीख... वह आवाज उसकी तो न थी... यह तो किसी डरावने जानवर की आवाज थी जो अब बेबसी में गुर्रा रहा था... बोल नीतिका बोल... अब तू चुप क्यों है... तू ही तो कहती

थी हरदम कि मां-बाप के आशीष में बड़ी ताकत होती है... मां बाप को खुश करने वालों को ईश्वर खुश करता है... कहां गया तेरा वह हमदर्द ईश्वर... पूछ अपने उस मददगार से कि मैंने तो हरदम मां-बाप को खुशी दी... उनकी हर चिंता हर ली... उनकी हर जरूरत पूरी की... फिर मुझे खुश क्यों नहीं देख सका वह... क्या वह डर गया था मुझसे...

चिट्ठी हंसी... बेरहम जालिम क्रूर हंसी या विस्फोटक आत्महन्ता हंसी, यह वह खुद भी न समझ सकी... बस हंसती रही... हंसती रही, मानो हंसने से जरूरी अभी और कोई काम नहीं है... जैसे हंसने का दौरा पड़ा हो... हंसने के सिवाय और कोई उपाय नहीं है... अगर उसकी हंसी रुकी तो रुक जाएगी पूरी सृष्टि... आ जाएगा प्रलय... और गूंज उठा उसका यह प्रलयंकारी उद्घोष... हां, डर गया था तेरा ईश्वर मुझसे... क्योंकि बदल दी थी मैंने उसके लिखे की रेखा... उसने तो लिखा था कि हमें जीवन भर तरसना है, एक-एक दाने को... अपनी हर जरूरत के लिए हमें उसका मोहताज बने रहना है, उसके सामने हमेशा फैलाये रहना है हाथ, ताकि वह जब चाहे, जैसे चाहे, हमें नचाये... नचाये कि अभी तुझे मेरी आरती उतारनी है... अभी तुझे मेरे सामने शीश नवाना है... अभी तुझे बकरी की तरह मिमियाना है... वह तो विस्मित था... कि हाय यह इस लड़की ने क्या कर डाला... छह महीने में परमानेंट हो गई इसकी नौकरी... सैलरी हो गई दोगुनी... अब तो इसके घर आ गया फ्रीज, ओवेन, भाई के लिए बाइक, पिता के लिए स्कूटर... कि अब उसकी बहन पांच हजार के लिए एड़ियां नहीं रगड़ती... वह तो अब नोट गिनती है नीतिका कोचिंग क्लासेज में... कि अब इसके घर के प्लास्टर-छप्पर पर झंखर नहीं चढ़ गया है... उन पर नया रंग-रोगन... कि अब पित्जा देख इनके मुंह में पानी आने से पहले डेलिवरी दे जाता है पित्जा ब्वॉय...

याद है नीतिका, जब मैं कमाने लगी थी तो मैंने कहा था तुझसे, अब तू अपनी क्लॉस शुरू कर... तू हमेशा से यही तो चाहती थी न नीतिका... लेकिन डरती थी कि कोचिंग के जमने में वक्त लगेगा... अभी कम से कम बंधा-बंधाया ही सही, पांच हजार रुपये तो आते हैं... लेकिन अपने कोचिंग में तो हो सकता है कि हजारों आ जाएं या महीने-छह महीने एक पैसा भी न आए... उस पर से किरायेदार को खाली कराकर कोचिंग शुरू करना है तो वह आमदनी भी बंद... फिर तब तक घर कैसे चलेगा... पापा के छह हजार रुपयों से? भाई राजवीर का स्कूल फीस कैसे जाएगा... मां के डायबीटिज की दवा कहां से आएगी... इसलिए दबा रखी थी न तूने अपनी चाहत... अब इसकी जरूरत नहीं... मैं और पापा घर चलाएंगे... तू अब इतना वक्त ले सकती है... वक्त इजाजत दे न दे, मेरी

इजाजत है तुझे... और बस हो गया तेरा खुदा बेचैन... उड़ गई उसकी रातों की नींद... अरे यह गरीब लड़की... इसकी इतनी मजाल...

क्या अनाप-शनाप बोलती रहती है... ईश्वर क्या गरीब-अमीर मानते हैं...

मानते हैं... बिल्कुल मानते हैं... गरीब-अमीर ही नहीं मानता वह, शक्ति प्रदर्शन भी करता है... अगर ऐसा नहीं होता तो पूरी दुनिया बिना जुर्म के क्यों उसके सामने सिर झुकाती... बता... बता मुझे... क्यों उसे सिर्फ अपनी प्रशंसा पसंद होती... कोई उसकी निंदा कर देता है, तो क्यों प्रलय आ जाती है... हाहाकार मच जाता है... ईश्वर की सूनामी लहरों पर सवार होकर शहर के शहर... देश के देश... अरे पूरी सभ्यता तबाह हो जाती है नीतिका... तू तो इतिहास की शोधार्थी है... क्या इतना नहीं जानती... जितना नुकसान तेरे इस खुदा ने किया है, उतना किसी तानाशाह ने नहीं... उसी की आड़ लेकर सब करते हैं सारा कुछ... इतना ही नहीं वह तो वहीं वास करता है, जहां धन है... देखा नहीं... ईश्वर जहां निवास करते हैं उसके नीचे सोने-चांदी का बिस्तर लगा होता है... इतना... इतना कि आदमी क्या सरकारें गिनते-गिनते थक जाती हैं... और ईश्वर को अपने से बड़ा पूंजीपति मानकर छोड़ देती हैं... कोई धारा नहीं लगातीं... कोई टैक्स नहीं लगातीं... और इस कृत्य को ईश्वरीय रहस्य... नहींइइ... चमत्कार, हां चमत्कार मान लेती हैं... अवैध जमीन पर बनीं मजारें और मंदिरें पूंजीपतियों और शक्तिमानों का प्रश्रयगाह होती हैं, यह भी क्या तुझसे छिपा है नीतिका... यही वजह है कि ईश्वर के घरों में भी लक्ष्मीपतियों का ही राज होता है... कोई भी प्रभावशाली आदमी बिना पंक्ति के भगवान के दर्शन कर सकता है... और गरीब पंक्तिबद्ध निर्धन के हिस्से आती है भगवान की बेआवाज और पुलिस की तड़ातड़ बरसती लाठियां... ईश्वर के उपासक बाबाओं से किस तरह लक्ष्मीजी जा चिपकती हैं, यह भी क्या तुझसे छिपा है नीतिका... लेकिन मैं जानती हूं तू अब भी यही कहेगी... ईश्वर भेदभाव नहीं करता... वह तो हम करते हैं... सब भाग्य का खेल है... लेकिन तेरे ईश्वर का लिखा भाग्य मुझे मंजूर न था... और मैंने अपना भाग्य खुद गढ़ा... और यही वह पल था जब घबरा गया तेरा ईश्वर...

तू बुरा कर ही रही थी रतिका...

चिट्ठी नीतिका पर झपटी... मैं बुरा कर रही थी... क्या बुरा कर रही थी मैं... क्या यह मेरी क्वालिटी नहीं... अगर नहीं तो हर बॉस को क्यों चाहिए होती है एक खूबसूरत सेक्रेटरी... स्वर्ग में अप्सराएं क्या कर रही हैं... धरती पर संकट आता है या स्वर्ग का आसन डोलता है तो यही अप्सराएं होती हैं, जो अपनी लुभावनी मुद्राओं से धरती का संकट हरती हैं और इंद्र का राज बचाती

हैं... और इंद्र एक बार फिर रासरंग में मस्त हो जाते हैं... बोल सच है कि नहीं... मुझे तो सिर्फ पैसा कमाना था... सिर्फ पैसा... किसी भी शर्त पर... क्योंकि मैं जान गई हूं कि आर्थिक आजादी ही किसी लड़की को इन मर्दों की गुलामी से निकाल सकती है... और अगर हमारे पास इतना खूबसूरत हथियार है, तो क्यों नहीं मैं करूं उसका इस्तेमाल... बता... बोल मेरी बहना... मुझे भी हक है अपनी एक दुनिया बनाने की... तेरे ईश्वर की दुनिया के समानांतर... उतनी ही शक्तिशाली... ऐश्वर्यशाली...

समानांतर!... ईश्वर ने तुम्हें जितना दिया है... वही मेहरबानी समझो... ज्यादा लालच न करो... उससे न टकराओ... नहीं तो उसकी बेआवाज लाठी ऐसी पड़ेगी की पता भी नहीं चलेगा बहना...

लालच? लालच नहीं हक है यह मेरा... हां, आगे बढ़ना हक है मेरा... इसे कोई छीन नहीं सकता मुझसे...

ऐसे रिश्तों में हक की बात करना ही बेमानी है...

आगे बढ़ने की बात में रिश्ता कहां से आ गया... मैंने कब कहा कि मैं किसी रिश्ते में हूं... और जिसे तू रिश्ता कहती है, उसे काम का हिस्सा मानती हूं मैं... अप्वाइंटमेंट के वक्त वही मेरी क्वालिटी बनी थी और प्रमोशन में भी वही काम आया... सर्टिफिकेट की इन फाइलों से मैं नौकरी नहीं पा जाती... तू बता तुझे ही मिली नौकरी... सर्टिफिकेट की इन मोटी-मोटी पोथियों ने कुछ भला किया तेरा... और सिर्फ हवाई जहाज पर टिक-टिक उड़ने भर से मैं कंपनी की डायरेक्टर नहीं हो जाती... एक्स्ट्रा क्वालिटी की जरूरत तो हर जगह होती है... वह थी मेरे पास... मुझे आउट ऑफ टर्न प्रमोशन मिला... जबकि कई कंपनियों का अनुभव लेकर आई लड़कियां अब तक घिस रही हैं वहीं के वहीं... अगर उनके पास भी होती कोई अतिरिक्त योग्यता तो हर वक्त नहीं उड़ रही होती उनके चेहरे पर हवाइयां...

याद है... हां, याद है मुझे.... छह महीने के अंदर मैं परमानेंट हो चुकी थी, जबकि वहीं छह-सात साल का अनुभव लेकर कंपनी में आई एयरहोस्टेस अभी तक टेम्परेरी थीं... मैं खुद को लेकर थोड़ी निश्चिंत थी... लेकिन एक दिन ऑफिस में अचानक सबके चेहरे पर हवाइयां उड़ती देखी, तो मुझे भी शंका हुई कि आखिर मामला क्या है... पूछने पर पता चला कि बिगबॉस यानी कंपनी के मालिक आ रहे हैं विजिट के लिए... आज वे सारे नये परमानेंट हुए स्टॉफ से मिलेंगे... खुद जज करेंगे सबको...

छह महीने की नौकरी में पहली बार डिगा था मेरा विश्वास... हिम्मत कर

बोली, अब क्या जज करना, अब तो हम परमानेंट हो चुके हैं... परमानेंट?

हां, हो तो चुके हैं मगर इससे एस्योरिटी थोड़े ही मिल जाती है... परमानेंट और टेम्पेरेरी में सिर्फ इतना फर्क होता है कि उन्हें कभी भी निकाला जा सकता है और परमानेंट को तीन महीने की नोटिस या पेमेंट देकर। वह भी सिर्फ बेसिक पेमेंट... हां, परमानेंट होने पर सीएल, पीएल बढ़ जाते हैं... मेडिकल लीव और टूर पैकेज मिलने लगते हैं... सैलरी लगभग दोगुनी हो जाती है... ये सब फायदे हैं, मगर एस्योरिटी जैसा कुछ नहीं है... मुझे काटो तो खून नहीं... तेरी नौकरी छुड़वा दी थी... कोचिंग अभी नुकसान में चल रहा था... किरायेदार को हटा चुकी थी... अगर मेरी नौकरी चली गई तो हम तो रोड पर आ जाएंगे... भूखे मरना पड़ेगा... पापा के छह हजार से क्या होगा... पता नहीं बॉस कैसा है... उसे क्या क्वालिफिकेशन चाहिए... हे भगवान, मैंने कॉन्ट्रैक्ट ठीक से पढ़ा क्यों नहीं... अक्षरशः! पढ़ा तो था, फिर कैसे हो गया मिस... तो पता चला कि ये टर्म एंड कंडिशन कुछ ऐसी भाषा में लिखी जाती हैं कि एक्सपर्ट ही समझ पाते हैं... लेकिन कंपनी कानूनी रूप से मजबूत स्थिति में आ जाती है मनमर्जी के लिए... तो उस दिन की मेरी मानसिक स्थिति... उफ्फ... चिट्ठी कराही...

पहले, लगभग दो घंटे तक उन्होंने हम लोगों को ग्रुप में बुलाकर कई तरह के सवाल पूछे... फिर एक-एक कर सबको अपने केबिन में बुलाकर पूछताछ की... मेरा चेहरा फक्क पड़ता जा रहा था... मैं बहुत नर्वस थी... बार-बार पानी पी रही थी... तभी मेरे बगल में बैठी लड़की, जो पिछले कुछ दिनों में मेरी अच्छी दोस्त भी बन गई थी ने कहा, तू क्यों मरी जा रही है... तेरा अप्वाइंटमेंट तो हरीश सर ने किया है। बॉस के बाद दूसरे नंबर पर हैं वह। उस पर से तू सिद्धि मैडम की चहेती है...

हां, तो...

तो फिर डरने की कोई बात नहीं... क्योंकि हरीश सर की कोई बात अमूमन सर काटते नहीं... उस पर से सिद्धि मैडम की कृपादृष्टि? उसने इस बात को प्रश्नवाचक की तरह वापस मेरी तरफ उछाल दिया...

मेरी समझ में कुछ नहीं आया... मैंने अहमकों की तरह उसके सामने पलकें झपका दी...

बड़े अर्थपूर्ण ढंग से वह बोली थी- उनके किये की काट तो बिगबॉस के पास भी नहीं है... देखती नहीं, जब मन हो आती है, मन न हो, तो नहीं आती, जब मर्जी चली जाती है। कोई कुछ नहीं कह सकता उनको... यहां तो नाम का काम करती है वह... पेमेंट उठाने के लिए... सच में तो वह अपना पूरा वक्त

मॉडलिंग में लगाती है...

तो कोई कुछ कहता क्यों नहीं उन्हें... इतनी लिबर्टी क्यों... मालिक की रिश्तेदार हैं क्या...

सबसे प्यारी रिश्तेदार... जैसे तू हरीश सर की... बोलते-बोलते उसने दांत काटी।

मैंने आंखें तरेरी- क्या मतलब!

कुछ नहीं... ऐसे ही मजे ले रही थी... क्या तुझसे मजाक भी नहीं कर सकती?

लेकिन उसके इस मजाक से मुझे रास्ता मिल गया था और अपने मजबूत पहलू का एहसास भी हो गया था। देखा नहीं मेरे इस क्वालिफिकेशन से कैसे मिर्ची लगी थी उस लड़की को...

हां नीतिका, जानती हूं यह पढ़ते वक्त तुम क्या कहोगी... मिर्ची नहीं... खैर जाने दो, तभी मेरा कॉल आ गया था... दरवाजा खोलते ही हाई हील के सैंडल तले मेरी साड़ी फंस गई थी... फंस क्या गई थी... सच तो यह है कि मैं अपने मजबूत पक्ष को उजागर करने का मौका तलाश रही थी... हड़बड़ाहट में साड़ी संभालने के नाम पर मैंने अपने पल्लू को पूरी तरह से नीचे सरक जाने दिया था... फिर आहिस्ता-आहिस्ता कर पल्लू को यथास्थिति पहुंचाने के लिए इस तरह नीचे झुकी कि तेजी से झुकी तो गिरने का खतरा है... चुस्त फिटिंग के कपड़े की वजह से मेरे अंग उबले दूध की तरह फफक कर बाहर आने को आतुर हो गये... मुझे लगा मेरा जादू चल गया... बॉस की नजरें मेरी गरदन के नीचे एकटक जमी थी... मैं तेजी से पल्लू संभालती हुई नजरें नीची किये बॉस के सामने इस तरह खड़ी हो गई कि उन्हें लगे कि अचानक घटित हुई इस घटना से मैं बेहद शर्मिंदा हूं... और उनसे नजरें नहीं मिला पा रही हूं... धीमी आवाज में सॉरी बोलते हुए उनके सामने टेबल के पास आकर खड़ी हो गई थी...

उनकी घूरती बिल्लौरी आंखें... अब भी वहीं कहीं अटकी थी... शायद उससे भी नीचे... टेबल की ऊपरी सतह के समानांतर... एकबारगी मुझे लगा मेरी इस हरकत पर वह नाराज हो गए हैं मुझसे... लेकिन अगले ही पल वे एकदम सहज हो गये...

मुझे नर्वस देख बोले, अरे मैं कोई शेर नहीं, जो तुझे कच्चा चबा जाऊंगा... देख मेरे भी दो ही हाथ हैं... नाखून भी नहीं हैं... मेरे दांत भी देख ले... फिर अर्थपूर्ण अंदाज में बोले, इसमें खून नहीं लगा है, जो तू घबरा रही है...

मैं बड़ी अदा से मुस्कुराई... फिर वे मुझसे लगभग दस मिनट तक बातें करते

रहे थे... घर-परिवार, पसंद-नापसंद... और फिर बोले- कल से ड्यूटी ओवर होने के बाद तू मुझे रिपोर्ट करेगी... सिर्फ मुझे, समझी... और डर मत... तेरी नौकरी सरकारी टाइप परमानेंट हो गई... समझी या समझाऊं...

मैं जानती थी... मेरी यह क्वालिफिकेशन यहां भी काम कर गई थी... और मुझे बिन मांगे मोती मिल गया था... खुश इतनी थी कि पैर जमीन पर ही न पड़ते थे... मैं मन ही मन गुनगुना रही थी- आज मैं ऊपर, आसमां नीचे... रिपोर्ट करने जाती तो वे ऐसे प्यार जताते मानो मेरे आने के इंतजार के सिवाय उनके पास कोई काम ही न हो... खूब लाड़ दिखाते थे मुझसे...

मैं भी कोई कम तो थी नहीं... मैं जान गई थी कि हरीश सर मेरी महत्वाकांक्षा के बीच आने वाले कड़ी भर थे और अब उनसे पीछा छुड़ाने का वक्त आ गया है... बस, धीरे-धीरे इग्नोर करने लगी उन्हें, साथ ही इस कोशिश में भी रहती कि अपना ज्यादा से ज्यादा वक्त बॉस के साथ बिताऊं... बॉस का हाथ मेरे सिर पर देख हरीश सर भी अब मुझे कुछ बोलते नहीं थे...

और एक दिन मेरे प्रभाव में आकर बॉस ने कह ही दिया था- रतिका, ऐसा नहीं है कि तुम मेरे जीवन में आने वाली पहली लड़की हो... कई लड़कियां आई हैं... लेकिन तुम में जो बात है वह किसी में नहीं... आई लव यू... क्या तुम इस नाचीज को अपने दिल में थोड़ी-सी जगह दोगी...

बस यही तो चाहती थी मैं... लेकिन इतनी जल्दी उनके हाथ भी नहीं आना चाहती थी... इसलिए नखरे दिखाने लगी... सर, जैसा आप समझ रहे हैं, मैं वैसी लड़की नहीं हूं... इसके बाद धीरे-धीरे कई दिनों तक वह मेरी मनुहार करते रहे... यह समझाने की कोशिश करते रहे कि सच में उन्हें मुझसे प्यार हो गया है... उन्हें मेरी देह, मेरी सुंदरता ने नहीं, बल्कि मेरी देह से निकलने वाली खूशबू ने बेकरार कर दिया है... और ऐसा तभी होता है, जब कोई सच्चे प्यार में पड़ता है... उसके बाद चूहे-चूहिये के बीच की रतिक्रिया के बारे में बताया... उसमें चूहिये के देह से निकलने वाले फेरोमोनल गंध के बारे में बताया... यह भी बताया कि जिस चूहे को किसी चूहिये के शरीर की गंध पसंद नहीं आती तो वह उसे छूता भी नहीं है... मैं समझ गई थी कि वह अब पूरी तरह से मेरे फेंके प्यार के पाश में बंध चुके हैं... बस अब शकुनी की तरह मुझे अपने पांसे सही फेंकने होंगे और गोटियां हमेशा सुरक्षित घर में रखनी होगी... तुम नहीं समझ सकती नीतिका यह एहसास कितना सुखद होता है... क्योंकि तब लगता है कि मर्दों द्वारा सदियों से सताई स्त्रियों का मैं बदला ले रही हूं... जब-जब मैं उनके मजबूत बाहों की गिरफ्त में होती और वे तरह-तरह से मेरी तारीफ और खुशामद में लगे होते, तो

मुझे बेहद खुशी होती, क्योंकि तब-तब मुझे लगता कि मैं वह सशक्त नारी हूं, जो अनादिकाल से औरतों पर होते आए अत्याचार का बदला ले रही है... और जब बेबस निढाल होकर मेरी बांहों में पड़े होते, तो मुझे लगता कि मेरे दो दांत बाहर निकल आए हैं, जो उनके गरदन पर पड़े हैं और मैं उनका रक्तपान कर रही हूं... मैं खुद को वह सशक्त स्त्री समझती, जो औरत जाति की प्रतिनिधि बनकर उनके सारे अपमानों का बदला चुका रही होती है... जब चरम पर पहुंचती तो मुझे लगता कि अब स्त्रियों को इस्तेमाल करने वाला मर्द मेरी ताकत के घेरे के अंदर बंद होकर तड़फड़ा रहा है... सच पहले-पहल तो मुझे यही लगा कि मैं दुनिया की वह शक्तिशाली स्त्री हूं, जो मर्दों को उन्हीं के हथियार से उनको नचा रही है... उनका इस्तेमाल कर रही है...

इस तरह से मैं उस पर राज करने लगी थी और वह वही करता था, जो मैं चाहती थी... एक दिन उसने कहा, तू अब ये सब ड्यूटी-फ्यूटी छोड़... तू तो मेरी मालकिन है... जब मेरी मालकिन है तो इस कंपनी की भी मालकिन हुई न... अब तू रानी बनकर राज कर... समझी या समझाऊं... और मुझे कंपनी का डायरेक्टर बना दिया... मैं भौंचक्क... इतना तो मैं भी नहीं सोच पाई थी... तभी उसने मुझे बांहों में भरते हुए कहा था कि मेरी रानी इसमें भी मेरा ही स्वार्थ है... तू वहां जहाज में उड़ती रहती है और यहां तेरा आशिक तड़पता रहता है... अब जब तू बगल के केबिन में रहेगी तो जब जी चाहेगा हम दो जिस्म एक जान हो जाया करेंगे... समझी या समझाऊं...

चिट्ठी के चेहरे पर एक अनबुझ भाव तैरा... पता नहीं यह खुशी का भाव था या दुख का... नीतिका, तू समझ नहीं सकती उसके इस एक फैसले ने मुझे असमंजस में डाल दिया था... अचानक से उसके डायरेक्टर बनाने से मैं सशंकित हो उठी थी... फिर धीरे-धीरे मेरे दिमाग से यह आशंका भी जाती रही... इस डर को भविष्य भरोसे छोड़ दिया... हां तो मैं बता रही थी कि वह था बहुत रसिक और प्यासा... रोज कुआं खोदता था... एक-दो बार नहीं... कम से कम तीन-चार बार... कहता, रतिका तेरी ये जो दो हिमालय की चोटियां हैं न... एक एवरेस्ट हैं, दूसरी कंचनजंघा... ऐसी तो पूरे जहान में किसी के पास नहीं हैं... इन चोटियों के बीच मेरा तो नियाग्रा जल-प्रपात भी डूब जाता है... मेरे जल-प्रपात के सारे पानी सोख जाती है तू... और मैं फिर प्यासा रह जाता हूं... गजब है तू रतिका... तेरे साथ मुझे दुनिया की सबसे तंग और गहरी काली गंडकी घाटी में घूम आने जैसे रोमांच का एहसास होता है... तू जो संतुष्टि देती है न, वह मुझे आज तक कभी किसी से नहीं मिली... मुझे छोड़ना मत कभी... हां, इसके बदले वह मुझे

वो सब देता था, जो मुझे चाहिए था... जितना मांगती थी उतना पैसा... सुख सुविधाएं... गिफ्ट्स... मगर...

मगर क्या? तेरे हिसाब से तो सबकुछ अच्छा-अच्छा था... तू तेजी से आगे बढ़ रही थी... घर की आर्थिक स्थिति बेहतर... बेहतर और बेहतर होती जा रही थी...

हां, लेकिन मेरे सुख के बीच तेरा ईश्वर चला आया... जैसे तुझे अपने खुदा से मांगना पड़ता है सबकुछ... उसकी पूजा करनी पड़ती है... फिर उसकी मर्जी-दे, चाहे न दे... या नखरे दिखाये... वैसे ही इससे भी मुझे सबकुछ मांगना पड़ता था... बन बैठा था वह मेरा 'मिजाजी' खुदा... अपने मन से कुछ भी नहीं देता था... मांगती तो एहसान जताना कभी नहीं भूलता था... तरसा-तरसा कर देता था... रोज उसे उसके बड़े होने का एहसास कराना पड़ता... उसके सामने शीश नवानी पड़ती, तारीफ करनी पड़ती... फिर भी इतराता, कौन करेगा इतना... बोलो, मेरे जितना कोई और करेगा... तब मुझे एहसास हुआ था कि ठगी गई थी मैं... मैं उसे नहीं नचा रही थी, बल्कि वह मुझे नचा रहा था... वह इस्तेमाल कर रहा था मेरा... आज से नहीं, पहले दिन से... मैं ठगी गई हूं... बस खून खौल उठा मेरा...

जब तू अपनी समझ से उसे नचा रही थी तब...

चिट्ठी से आंखे नचाती रतिका बोली, तब क्या... किसी का इस्तेमाल करने और इस्तेमाल होने में बहुत का फर्क होता है... इस्तेमाल करते वक्त तो बहुत मजा आता है, लेकिन होते वक्त बहुत दर्द होता है... टीस होती है... पोर-पोर इस जलन के एहसास से घाव की तरह टभकता है... तब मुझे यह एहसास हुआ था कि कुछ नहीं बदला... बस बदलते जमाने में इस्तेमाल करने की तकनीक बदली है... सबकुछ वैसा ही है... आदिम... नंगा... बदबूदार... जो सड़कर अब और सड़ांध मार रही है... मर्दों ने औरतों को जूती बनाये रखने के इस मुलम्मे को 'देह-मुक्ति' का बस एक वैचारिक जामा पहनाकर उसे मजबूत नाड़े से बांध दिया है, जिसके नीचे वही जलती अंगार है... ठीक वैसे ही जैसे पहले के बंधुआ मजदूर आज के कामगार में बदल गये हैं... पहले उनसे मार-पीट कर काम लिया जाता था और अब कांट्रेक्ट में बांधकर कभी भी नौकरी ले लिये जाने और उसके बदले मजदूरों से ही जुर्माना लिये जाने का भय दिखाकर काम लिया जाता है... मुझे बुरी लगने लगी थी यह बात... इसी बांदी समझने के रवैये से तेरे ईश्वर को नकारा था... अब दूसरा मेरा ईश्वर बना बैठा था... वह भी तो बांदी ही समझता था... जरखरीद गुलाम, जबकि मैं तो बराबरी का मामला

चाहती थी... उसका पैसा और मेरा... लेकिन वह जो पैसे देता था वह सोना... और बदले में मैं जो देती थी वह मिट्टी, उसका मानो कोई मोल नहीं... ऐसा ही दिखाता था वह... अक्सर कहता, यह मत सोचना कि मैं कीमत दे रहा हूं... अरे लड़की तो अच्छी से अच्छी दस-बीस हजार में मिल जाती हैं... लेकिन तू... तू तो मेरे लिये... उसका यह एहसान दिखाना अखरने लगा था मुझे... बार-बार हाथ क्यों फैलाऊं मैं... मैं भिखारी नहीं थी... मैं उसके पैसे के बदले में उससे ज्यादा कीमत चुकाती थी... इसलिए बुरा लगने लगा था... या तेरे मध्यवर्गीय संस्कार मेरे अंदर भी जोर मारने लगे थे... पता नहीं, बस इतना पता है कि अब उसे बरदाश्त करना मेरे लिये मुश्किल हो गया था...

बुरा लगने की यह प्रक्रिया कोई एक दिन में नहीं शुरू हुई, लेकिन घी में आग का काम किया उस एक क्षण ने, जब एक बार मेरा मूड बहुत खराब था और मैंने उसे मना कर दिया... बस उसने मुंह फुला लिया... जब-जब उसके सामने गई, कोई न कोई बहाना लेकर भन्नाता रहा... मेरा फोन पिक नहीं किया... उस दिन वह मुझे पैसे देने वाला था, वह भी नहीं दिये... ऐसे ही एक बार और हुआ तो उसने मेरी सैलरी चेक पर साइन ही नहीं की... सबकी सैलरी आ गई... मुझसे कहा गया कि सर कुछ बिजी चल रहे हैं... फ्री होते ही साइन करेंगे तब सैलरी मिलेगी... अब मैं जान-बूझ कर भी मना करने लगी, उसकी नीचता की हद जानना चाहती थी... और तब मुझे एहसास हुआ, वह मुझे सिलिकॉन की बनी सेक्स डॉल की तरह का कोई खिलौना समझता है... या ऐसा सेक्स रोबोट, कि जब उसका मन करे, उसके अंगनुमा एक-एक यंत्र को जोड़ कर अपनी ख्वाहिशें पूरी कर ले, फिर उसे अलग-अलग कर अपने शयनकक्ष में इस तरह सजा दे, जैसे कोई गुड़िया... मैं उसके इस व्यवहार से पूरी तरह खौल गई थी... यह स्थिति मंजूर नहीं थी मुझे... क्योंकि इतना तो तब तक मैं जान ही चुकी थी कि वह जब जिस पर मेहरबान होता है, उसे निहाल कर देता है और जैसे ही मन भरा या दूसरी मिली तो तू कौन और कौन मैं... मेरे आने के बाद सिद्धि का हाल ऐसा ही हुआ था... किसी और के आने के बाद मेरा भी यही हाल नहीं होगा, इसकी क्या गारंटी थी... वह खुद बता चुका था कि पहले भी कइयों की ऐसी-तैसी वह कर चुका है... सबसे बड़ा झटका तो मुझे तब लगा, जब उसने अपने एक डील के लिए मुझे अपने क्लायंट को खुश करने को कहा... जब मैंने मना किया तो एकदम से भड़क उठा- तेरे लिए इतना कुछ करता हूं, तेरी कोई भी इच्छा मैं जमीन-आसमान एक कर पूरा करता हूं... तू मेरे लिए इतना भी नहीं कर सकती...

इतना सा?

और नहीं तो क्या... क्या रखा है इसमें ऐसा, जो खत्म हो जायेगा एक बार से... आजकल तो ऐसी बातें मायने ही नहीं रखतीं... चल मैं तेरा ऑपरेशन करवा दूंगा... तेरे पति को कुछ पता भी नहीं चलेगा... फिर से मिडिल क्लॉस सेंटिमेंटल फूल की तरह बातें न कर, वरना वापस उसी गटर में चली जाएगी, जहां से निकली है तू... फिर स्वर हल्का कर बोला था- कम ऑन यार... ये सब तो मामूली बातें है... समझी या समझाऊं...

मैंने कहा था, सर यह मामूली बात नहीं... अभी तक जो भी मैंने किया है, वह अपनी इच्छा से किया है... अपनी मर्जी से किया है... आगे भी जो करूंगी, उसमें मेरी मर्जी जरूर शामिल होगी... ऐसे ही बिना मर्जी के किसी के सामने बिछ जाने वालियों में से मैं नहीं हूं... और रही मामूली-सी बात की, तो क्यों नहीं अपनी बीवी को भेज देते हैं... बहुत दिनों का जमा कोई ज्वालामुखी फूट पड़ा था मेरे भीतर... चिट्ठी से गरम-गरम लावा निकलने लगा...

चटाक! दो टके की लौंडिया मेरी बीवी से अपनी तुलना करती है... रंडी कहीं की... लड़की सिर्फ पहली बार अपनी मर्जी से किसी मर्द का बिस्तर गर्म करती है, उसके बाद यह उसकी नियति हो जाती है... उसके पास लौटने का कोई रास्ता नहीं बचता... मर्जी से नहीं आएगी, तो ब्लैकमेल होगी... पैसों के लालच में आएगी... प्यार से आएगी... जोर जबरदस्ती से आएगी... धमका कर आएगी... जाएगी कहां... क्योंकि अपने सारे रास्ते तो वह मर्द के बिस्तर पर ही छोड़ आई होती है... अपनी मर्जी हूंह... माई फुट... जड़ दिया था उसने एक जोरदार थप्पड़... गाल से ज्यादा दिल पर लगी थी यह चोट...

चिट्ठी बिसूरी... मैं समझ गई थी एक बार कदम डगमगाने के बाद सधे कदमों से चलना इतना आसान नहीं होता... उसके बाद सबकुछ एम्प्लॉयर की मर्जी पर मुनहसर होता है... लेकिन मैंने भी इस दलदल से बाहर निकलने की जिद ठान ली थी बहना... इसलिए अपने व्यवहार के लिए बाद में उसके माफी मांगने का कोई असर नहीं हुआ था मुझ पर... मनाने का भी नहीं... फॉरेन टूर पर भी ले गया... लेकिन मैं बस एक मौके के इंतजार में थी, इसलिए चुप थी... अब जब वह मेरी तारीफ करता तो मेरा दिल कहता था, देख साला, हरामी कैसे चटखारे ले रहा है... दिल करता आंखें फोड़ दूं कम्बख्त की... मन में आता, मुझ पर नजर पड़ते ही लार टपकने लगती है इस कम्बख्ती के मारे की, जब इतनी ही अतुलनीय अच्छी बीवी है तो, क्यों मुंह मारता फिरता है इधर-उधर... फिर खुद ही जवाब देती, कुत्ते की जात है न साला... मुंह नहीं मारेगा तो और क्या करेगा...

क्या बके जा रही है... नीतिका चीखी...

मैं बक रही हूं... अबे घोंचू तेरा इतिहास बक रहा है... इतिहास उठाकर देख ले मेरी पढ़ाकू इतिहास टीचर... घर में बीवी और साहब कोठे पर... क्यों? मजे के लिए ही न... कोठा छोड़, तू यही बता कि किस राजा ने हरम नहीं बनवा रखी थी... किस खेतिहर किसान की बहू-बेटी को नहीं सोना पड़ा जमींदार के साथ...

बकवास में तुझसे कोई जीत सकता है भला?

नहीं जीत सका कोई भी मुझसे... चिट्ठी गर्व से इतराई... दो साल... सिर्फ दो साल... और देख तू कि मैं कहां हूं... आज मैं एयरहोस्टेस नहीं, डायरेक्टर हूं कंपनी की... और तू? वहीं की वहीं... दस हजार रुपल्ली पाने वाली स्कूल टीचर... बड़े गर्व से कहा था न तूने कि मैं कभी कोचिंग खोलती ही नहीं रतिका अगर जान जाती यह सच... मुझे तो लगा तू नौकरी कर रही है... तू तो उसकी रखैल बनी फिर रही है... नहीं चलानी मुझे ऐसे कुकर्म के पैसे से शुरू की हुई कोचिंग... और बंद कर दी थी तूने कोचिंग... लेकिन... चिट्ठी फट पड़ी... तो और क्या करती, भूखे मरती... फिर तुरत रो पड़ी थी चिट्ठी, तू सही थी नीतिका... मैं तो देह की आजादी, आर्थिक आजादी के सपने के साथ आई थी, मुझे क्या पता था, जो समतल सरपट भागती सड़क दिख रही है, वह सुराब है... मरीचिका है... दलदल है... भट्ठी है... आजादी नहीं, आजादी का आभास मात्र! यह तो वह रास्ता है, जो सिर्फ आजादी, उन्मुक्तता, मजे का एहसास देता है, मगर स्त्री रहती है गुलाम की गुलाम ही... बस गुलामी का चोला बदल जाता है... वह अपनी देह का इस्तेमाल अब भी अपनी मर्जी से नहीं, मजबूरी और असुरक्षा की वजह से कर रही होती है... या थोड़े से लालच के लिए... जो भी है, इस राह पर चलने की आखिरी नियति मरना ही है... लेकिन मैं मरना नहीं चाहती थी नीतिका, आगे बढ़ना चाहती थी... मैं चाहती थी कि हथउठाई या मुंहतक्कन के जीवन से छुटकारा मिले... मगर यह भी मंजूर न था उसे... वह हमेशा मुझे अपना मोहताज बनाकर रखना चाहता था... लेकिन मैं रतिका थी... नीतिका नहीं... एक महत्वाकांक्षी लड़की, जिसने अपनी लड़ाई खुद लड़ी है हमेशा... और पाया है वह सबकुछ जो चाहा है... अब मैं इन परिस्थितियों से आगे निकलना चाहती थी... इसलिए अब मैं इस बीच की गई कॉरस्पांडेस कोर्स की रौ में आगे की राह देख रही थी... बस एक मौके की तलाश में थी... चिट्ठी दहाड़ी... अब तो मेरे पास अनुभव भी था... कंपनी चलाने तक का अनुभव... यह नहीं देगा, तो दूसरी जगह ट्राई करूंगी... अच्छे मौके खुद चल कर आएंगे मेरे पास... फिर

क्यों जिऊं मैं इस दोगले के भरोसे दोयम दर्जे की जिंदगी... मेरे सपने भी अब खिलने लगे थे... सोच रही थी कि कुछ दिन और कहीं अच्छे फर्म में अच्छी-सी नौकरी कर लूं, फिर खोलूंगी अपनी कंपनी... साले समझते क्या हैं मुझे... इनसे कम हूं क्या... थोड़ी बीस ही हूं योग्यता में उन्नीस तो हरगिज नहीं...

लेकिन तुम सही थी नीतिका... कहा तो था तुमने मुझे- रतिका, ईश्वर को दूर से देखा जाता है... चाहा जाता है... स्वर्ग की कामना की जाती है.... और इसी कामना में अपनी जिंदगी होम कर दी जाती है, ठीक वैसे जैसे चंदा को तकते हुए चकोर कर देती है... लेकिन ईश्वर की दुनिया में घुसपैठ नहीं किया जाता... ईश्वर की दुनिया में रहने का ख्वाब देखना तो ठीक है, मगर उसकी दुनिया में हकीकत में नहीं रहा जाता, क्योंकि यह ईश्वर को बरदाश्त नहीं... वह तुझे दूध से मक्खी की तरह निकाल फेंकेगा...

ऐसे कैसे निकाल फेंकेगा... मैं कोई मक्खी नहीं... चिट्ठी दहाड़ी...

तो वह तेरा जीना हराम कर देगा...

हां, नीतिका... बिल्कुल सही कहा था तुमने... उसने मेरा जीना हराम कर दिया... मैंने मौके तो ढूंढ़ भी लिए अपने लिए... लाखों की सैलरी, सारी सुविधाएं, इज्जत, सबकुछ मनमाफिक... यहां भी डायरेक्टर का पोस्ट, लेकिन इस बार यह हथउठाई में नहीं मिला था मुझे... यह अर्जित किया था मैंने... अपने काबिलियत के बूते... एवरेस्ट और कंचनजंघा जैसी चोटियों के बल पर नहीं... अब ऐसा सोचना भी गाली-सा लगने लगा था मुझे... लेकिन कांटे बिछा दिये उसने मेरी राह में... चिट्ठी बिलख पड़ी... इस बार मेरी राह में आया उसका वजीफा पाने वाला थानेदार... झूठी एफआईआर कर मेरे लिये कहीं और नौकरी करना नामुमकिन कर दिया... दूसरी तरफ बिगबॉस मुझे धमकियां और प्रलोभन देता रहा... मुझे बरबाद कर देने की धमकियां... मुझे पता ही नहीं चला था कि उसने धोखे से कंपनी के पेपर के नाम पर कई अन्य ऐसे दस्तावेजों पर भी मेरे हस्ताक्षर ले लिए थे, जिसके अनुसार मैं उसकी कंपनी की कर्जदार हो गई थी... इतनी बड़ी रकम की कर्जदार कि सब कुछ बेचकर भी चुका न पाती... पता नहीं कब उसने हमारे मस्ती के क्षणों को भी भयावह बना दिया था... एमएमएस बनाकर... वह बार-बार कहता फिर से कंपनी में आ जाओ... मेरी बन जाओ... यह सब फाड़कर फेंक दूंगा... एमएमएस डिलीट कर दूंगा... क्या करूं मेरी जान तूने ऐसा चस्का लगा दिया है कि किसी और से दिल ही नहीं भरता... लेकिन मैं जानती थी, सच यह नहीं था... सच तो यह था कि ये भगवान तो भक्तों को दुत्कार सकते हैं, छोड़ सकते हैं, मगर कोई इन्हें कैसे छोड़ सकता है? आहत था वह इस एहसास

से कि उसे छोड़ा गया है, इसलिए मजा चखाना चाहता था वह मुझे... और मुझे उस कंपनी में वापस जाना और जीवन भर रखैल बन कर जीना मंजूर नहीं था... ऐसी हालत में दूसरी कंपनी में काम करना भी नहीं संभव था... अपनी कंपनी खोलना... पहले तो इतना साधन नहीं था, दूसरे उसके कथित कर्जे जो मैंने कंपनी से लिये थे, चुकाये बिना कोई दूसरा काम कर भी नहीं पाती... कई तरह की कानूनी अड़चनें सामने आ जाती... और इस एमएमएस ने तो मेरी नींद ही उड़ा कर रख दी थी... फिर क्या करती मैं, तू ही बता... कोई रास्ता ही नहीं बचा था मेरे पास... बोल न नीतिका क्या करती मैं... अपने परिवार वालों को फिर से रोड पर आने देती... नहीं कर सकती थी ऐसा... वह धमकी देता था कि तुम्हें और तुम्हारे परिवार को जेल भिजवा दूंगा, अलग-अलग शहरों में अलग-अलग एफआईआर कर दौड़ाता रहूंगा... तेरा एमएमएस क्लिप इंटरनेट पर डाल दूंगा... ब्लूटूथ के जरिये पूरे शहर में बंटवा दूंगा... उसके पास पावर था... पैसा था... अच्छी तरह पता था मुझे कि वह जब चाहे इस करप्ट सिस्टम में ऐसा कर सकता था... बल्कि इससे भी ज्यादा... इसलिए कोई रास्ता बचा ही नहीं था मेरे लिए नीतिका...

एक बात नीतिका, जो मैं सिर्फ तेरे से शेयर करना चाहती हूं... वह यह कि मैं मरना नहीं चाहती थी... कभी नहीं... अगर सिर्फ अपनी बात होती तो इस जिल्लत के बाद भी जीती... लेकिन अगर मैं जी तो वह मेरे परिवार को भी बरबाद कर देगा... इसलिए जा रही हूं...

जानती है नीतिका जब मैंने मरने का फैसला लिया तो कैसे किलस कर रह गई... कलेजा कांप उठा... लगा मरने से पहले ही रूह फना हो गई... कई-कई बार फंदे को गले में डाला और निकाला... फंदे के नीचे कांपते हाथों से कुर्सी लगाने से पहले कई बार मेरी हाथों से वह छूटी और गिरी... बार-बार मन बदला... गौतम बुद्ध याद आए... उनकी यह बात, दुख है... दुख का कारण है... कारण है तो निवारण है... नेपथ्य से मेरे कानों में गूंजती रही... हिम्मत देती रही, मत मरो... लड़ो... हर समस्या का हल इसी जिंदगी में है... मरने के बाद कुछ भी नहीं... चार्वाक सामने खड़े हो गए... जिंदगी ही सबकुछ है... कोई आत्मा नहीं... मरने के बाद कुछ भी नहीं...

"यावज्जीवेत सुखं जीवेद ऋणं कृत्वा घृतं पिवेत, भस्मीभूतस्य देहस्य पुनरागमनं कुतः"

जब तक जीवन है सुख से जियो... खुद के पास साधन नहीं है, तो उधार लेकर जिओ, मरने के बाद शरीर को किसने वापस आते देखा है? यानी मौत

का मजाक बनाकर जियो...

लेकिन शायद तब वे यह नहीं समझ पाए थे कि आदमी की जिंदगी इतने डोरों से बंधी होती है कि अगर एक डोर न काटी जाए तो सारे डोर उलझ कर रह जाती हैं... मैं सच कहती हूं नीतिका मैं जीना चाहती थी... लेकिन परिवार की कीमत पर नहीं...

हां नीतिका, सचमुच जीना हराम कर दिया था उसने मेरा... और, अभी और जीती तो पूरे परिवार का हराम कर देता... इसलिए जा रही हूं मैं... अलविदा... चिट्ठी ने हाथ हिलाया... और चिट्ठी उड़ने लगी... नीतिका दौड़ी... उसे पकड़ने की कोशिश की... भरपूर कोशिश... चिल्लाती रही... तू क्या समझती है कि तेरे मरने के बाद वह परिवार को छोड़ देगा... वह अब भी वही करेगा, जो तेरे जिंदा रहने पर वह करता... चिट्ठी के पीछे भागती रही नीतिका... चिट्ठी आसमान में... नीतिका नीचे... तभी आकाशवाणी हुई, याद है नीतिका तू रामायण पढ़ती थी- जन्मत मरत दुसह दुख होई... यह तो ईश्वरों के लिए सत्य है... जन्म लेते समय का तो पता नहीं मगर मरते समय उन्हें दुसह दुख इसलिए होता होगा कि हाय यह ऐश्वर्य छोड़कर कैसे जाऊं.... यह सत्य हम जैसों के लिए नहीं है... हमारे लिए तो बस एक ही सत्य है... जीवन माने नरक... मौत माने मुक्ति... और इस मुक्ति को अंगीकार करने से हमें भला कौन-सा ईश्वर रोक सकता है... इतनी किसकी हैसियत है... ठीक है कि मैं जैसी जिंदगी चाहती थी, मैं वैसी जिंदगी अपनी इच्छा से जी नहीं सकी। जीना चाहा तो पता चला इस दुनिया में बहुत सारे खुदा हैं, जो मुझे जीने नहीं देंगे। लेकिन जितने दिन जी... अपनी मर्जी से जी... और जब लगा यह मुमकिन नहीं तो मौत... हां, मौत भी अपनी मर्जी से अंगीकार कर रही हूं... इसमें भी तुम्हारे भगवान का कोई दखल नहीं होगा... लो मैं भी चली... उड़न छू... अलविदा नीतिका... और चिट्ठी हवा के बवंडर में घुसकर ऊपर... बहुत ऊपर... और फिर नीतिका की नजरों से ओझल हो गई...

फिर जैसे दिक्-दिगान्तर गूंज उठे- तुम सही थी नीतिका... हां... लेकिन पूरी तरह नहीं... मैं अब जानती हूं नीतिका क्या गलती की मैंने... सचमुच मैं जान गई हूं... मुक्ति के नाम पर मैं इधर से उधर छलांगे लगा रही थी... अपनी सुविधानुसार कभी इस तरफ, कभी उस तरफ... शेर के खतरे से अनजान जंगल-जंगल हिरनी की तरह कुलांचे मार रही थी... ऐसे में यह तो होना ही था... एक तरफ तो मैं देह से मुक्ति की बात कर रही थी, दूसरी तरफ उसी देह को टूल की तरह इस्तेमाल कर रही थी... उसकी कीमत वसूल रही थी... जबकि इस मुक्ति के साथ तो एक जिम्मेदारी भी आती है... मैं उसी से भाग

रही थी... इस आजादी का मतलब तो मात्र इतना भर होता है कि देह से इज्जत नहीं जुड़ी है... इज्जत अपने कर्मों से जुड़ी है... जिम्मेदारी से जुड़ी है... मैंने उसे ही शर्मसार किया... इस स्वतंत्रता का मतलब तो यह था कि अगर कुछ ऐसा-वैसा हो तो खुद को दोषी मत मानो... और बढ़ चलो अपने काम पर... पर मैंने स्वतंत्रता को स्वछंदता समझ लिया... देह को औजार समझ लिया... तो फिर कैसी मुक्ति... कहां की मुक्ति... जैसे ही शरीर को औजार बनाया, वैसे ही जुड़ गई अपनी देह से, बल्कि और कसकर पकड़ लिया अपनी देह को... एक और बात मेरी बहना... दूसरी गलती मुझसे यह हुई कि आर्थिक आजादी के नाम पर एक तरफ तो मैंने तेरे ईश्वर की सत्ता को चुनौती दी, दूसरी तरफ उसी की तरह शक्तिशाली और ऐश्वर्यशाली दुनिया के निर्माण के मंसूबे भी बांध रही थी, विश्वामित्र की तरह... इसका मतलब तो यही था न कि मैं भी खुदा बनने की राह पर चल रही थी, यानी फिर कई कतरे-कतरे जिंदगी जीने वालों की पीठ पर चढ़कर मैं बनाती अपनी दुनिया और उन्हें छोड़ देती अपने जैसी अभिशप्त जिंदगी जीने को... हां, बहना, सच यही है कि विद्रोह की मेरी ज्वाला इतनी बड़ी हो गई थी कि मैं उसी की लपटों में झुलस रही थी... इसकी आंच से बचने का मुझे बस एक ही रास्ता दिखाई दे रहा था कि मैं तेरे विश्वास को तोड़कर अपनी एक अलग दुनिया बनाऊं... तेरे खुदा के समानांतर... उतनी ही शक्तिशाली और उतनी ही ऐश्वर्यशाली... काश मेरी बहना... जिंदगी भी रिवाइंड हो पाती, तो इस बार अपनी गलतियों को सुधार कर फूलप्रूफ प्लान के साथ देती चुनौती तेरे खुदा को... देखती तब कैसे सामना करता वह मेरा... तब अपने जैसे अभिशप्त साथियों का साथ लेकर खड़ी होती उसके खिलाफ... हां, नीतिका मैं जान गई हूं वह बीजमंत्र... सच बहना, तेरे भगवान की तो नहीं, पर तेरी कसम खाकर कहती हूं कि मैं जीना चाहती थी... लेकिन परिवार...

## बस, यहीं तक...

जब मैं मंडी हाऊस के कॉफी हाऊस से निकला था, तो काफी खुश था। मुझे अपने कंधे पर टंगे झोले का एहसास तक नहीं था। मैं हवा में उड़ता आईटीओ बस स्टॉप पर आ खड़ा हुआ था।

कॉफी हाऊस में कला पारखियों के एक दल ने मेरे कंधे पर टंगे टाट के झोले की तारीफ क्या की, शान में कसीदे ही काढ़ने शुरू कर दिये थे। जैसे वह झोला न होकर खूबसूरत आधुनिक पेंटिंग्स का अद्भुत नमूना हो। उन्हें उस पर बनी मधुबनी पेंटिंग बहुत पसंद आयी थी।

कोई साढ़े छह बज चुके थे। शाम का धुंधलका पूरे वातावरण को बहुत तेजी से अपने आवरण में लपेटता जा रहा था। बत्तियों के रौशन होने से शहर में कृत्रिम चांदनी छिंटक आयी थी। तेज बहती हुई हवा भाले-बर्छियों की तरह बदन को छेदे जा रही थी, लेकिन मैं अपनी धुन में इतना मगन था कि मुझे इसका एहसास ही नहीं था।

दफ्तरों के बंद होने का संकेत बस स्टॉप की तरफ आती हुई भीड़ दे रही थी। लग रहा था कि पूरा शहर यहीं उमड़ा पड़ रहा हो। अलग-अलग रूटों की बसें लगातार आ-जा रही थीं। लोग-बाग चढ़-उतर रहे थे, लेकिन भीड़ घटने की बजाय और... और होते अंधेरे की तरह बढ़ती ही जा रही थी।

मुझे वहां खड़े-खड़े लगभग एक घंटा होने को हो आए, लेकिन अब तक देवली-खानपुर जाने वाली किसी बस का पता नहीं था।

लोग बातें कर रहे थे। उनकी बातों में ताजगी थी। दिन भर के काम की थकन कहीं नहीं दिखती थी। अब घर पहुंच जायेंगे, सिर्फ इस सोच ने ही उनके अंदर ताजगी भर दी थी। हिमाचल में आज सुबह ही जमकर बर्फबारी हुई है। तभी तो इतनी ठंड बढ़ गयी है। नहीं तो, कल तक तो सबकुछ ढर्रे पर था। भीड़ में से किसी ने कहा- अरे यार इतनी तेज ठंड रही तो 26 जनवरी की सुबह तो

घर से निकलना भी मुहाल हो जायेगा।

उसी में से किसी ने हांक लगायी- सरकारी नौकरी करनी है, न... दफ्तर तो आना ही पड़ेगा।

जैसे ही 26 जनवरी का जिक्र आया, मेरे शरीर में झुरझुरी सी दौड़ गयी। ओह... शायद... फिर कई तरह की अनजान आशंकाओं ने मेरे उत्फुलित मन के ऊपर अपना फन काढ़ लिया... और मैं अंदर तक सिहरता चला गया।

कुछ ही दिन पहले तो दिल्ली में आतंकी वारदात हुई थी। और मुझे याद है कि उसके बाद क्या-क्या हुआ था। मुझे अपने बेगुनाही के कितने सबूत देने पड़े थे। मेरे मकान मालिक ने एकबारगी तो मुझे ही घर खाली करने को कह दिया था। और जब मैंने अपने बॉस को ये बातें बतलायी थी तो... मुझे ठीक से याद है कि उन्होंने दिलासा दिलाने की बजाय मुझ ही से पूछ लिया था- तुम्हें नहीं लगता कि इन घटनाओं की वजह से पूरे देश में जबरदस्त अविश्वास का माहौल बनता जा रहा है। जब मैंने टटोलने वाली सर्द निगाहों से उनकी तरफ देखा तो जल्दी से उन्होंने बात को हल्का करने की गर्ज से कहा था- मुझे पता है, बहुत सारे निर्दोष लोग इसमें पिस रहे हैं। उनकी इस बात ने तो मुझे अदंर तक छील कर रख दिया था। कई रात घूमते पंखे को देखते हुए गुजारी थी... एक बार फिर वही डर मेरे ऊपर तारी होने लगी थी।

अचानक मेरे ख्यालों को ब्रेक लगा। अच्छा ही हुआ कि तभी ब्लू लाइन की 423 नंबर की बस चर्रर्रर... की आवाज के साथ मेरे ख्यालों को चीरती हुई मेरे सामने खड़ी थी। मेरी आंखें चमक उठी। मैं नहीं समझ सका कि घंटे-पचपन मिनट की तपस्या के सफल होने की चमक थी या उस भयावह सोच से बाहर निकलने की, जिसे इन दिनों हर कदम पर भोग रहा था।

वैसे भी दिल्ली के परिवहन और मौसम का कोई भरोसा तो है नहीं, इसलिए बस आने की खुशी होनी स्वभाविक ही थी।

ठसाठस भरी बस। तिल रखने की भी जगह नहीं। खुदा-खुदा करते किसी तरह मैं उतरने के लिए इस्तेमाल में आने वाले आगे के दरवाजे से बस में दाखिल हुआ। अंदर आने के बाद स्वाभाविक रूप से पॉकेटों पर हाथ मारा- मोबाइल समेत सबकुछ सुरक्षित था। अभी राहत की सांस भी नहीं ले पाया था कि कंडक्टर की आवाज सुनाई पड़ी- टिकट, टिकट लेना भाई... आपने ले लिया...

मैं कुछ सोचता इससे पहले ही बस तेज धचक्के के साथ रुक गयी। किसी तरह भीड़ में से सिर निकालता, सशंकित निगाहों से आगे की तरफ निगाह मारी। सामने आईटीओ चौराहे पर तमतमाई सुर्ख चेहरे की तरह रौशन बत्ती सख्ती से

सभी गाड़ियों को रुकने का आदेश दे रही थी। मैंने चैन की सांस ली। बस के आगे-पीछे छोटी-बड़ी गाड़ियों की लंबी कतार लगी हुई थी।

उफ... कहां से आ जाती हैं दिल्ली में इतनी सारी गाड़ियां... पूरे शहर की गाड़ी आज यहीं आकर लग गयी है क्या? असहाय आम आदमी की तरह मैंने सोचना शुरू कर दिया था- सरकार कुछ करती क्यों नहीं? क्यों नहीं वह ऐसे लोगों पर गाड़ियां रखने से रोक लगाती है, जिनके घर में पार्किंग नहीं है। लावारिस की तरह घर के आगे गाड़ियों को लगा कर पड़ोसियों का भी जीना हराम कर देते हैं। संकरी-पतली गलियों को भी जाम करने से नहीं चूकते। एक आदमी के पास क्यों दस-दस गाड़ियां है... फिर... फिर... फिर...

इस तरह के न जाने और कितने-कितने सवाल अभी मुझे परेशान करने वाले थे, पता नहीं, कि तभी कंडक्टर की आवाज फिर गूंजी- टिकट... मैंने खामोशी से एक दस का नोट उसकी तरफ बढ़ा दिया- देवली मोड़।

बस आगे बढ़ी। हरियराये चेहरे की तरह जलती बत्ती ने आगे बढ़ने की इजाजत दे दी थी। चौराहे पर से भी कुछ और सवारियां बस में उठी थीं। उनमें कुछ महिला सवारियां भी थीं। उनके आ जाने से कुछ पुरुषों को महिला आरक्षित सीटें छोड़नी पड़ी थी, हालांकि उसके बाद भी वहां से चढ़ी अधिकतर महिलाओं को खड़ी ही रह जाना पड़ा था, क्योंकि चढ़ी सवारियों के अनुपात में आरक्षित सीट नहीं थी। कुछ पर पहले से ही महिलाएं बैठी थीं। बहुत कम पर ही पुरुषों का कब्जा था। उन्हें जगह खाली करनी पड़ी थी।

भीड़ बढ़ जाने से बस का तापमान भी बढ़ गया था। ठंड का एहसास जाता रहा था।

महिलाओं के लिए आरक्षित सीटें खाली करने वालों में से कुछ लोग कुनमुना रहे थे। एक नेता टाइप कुर्ता-पायजामा, दाढ़ी वाले बुजुर्ग ने तो अनमने ढंग से सीट छोड़ते हुए अनिच्छा भी जाहिर कर दी थी- सबको बराबरी चाहिए और आरक्षण भी... ये कहां का न्याय है... कौन सी सोशल इंजीनियरिंग है... दलित और आदिवासियों की बात तो छोड़िए जनाब... अब तो बौद्ध, सिख, मुस्लिम, ईसाई समेत इन महिलाओं ने भी आरक्षण का झंडा उठा लिया है... और इन्हें बराबरी भी चाहिए... कलयुग है! घोर कलयुग है! अरे बराबरी के लिए जरूरी है कि समान आचार संहिता बने, लेकिन जब आचार संहिता की बात उठती है, तो सब अपनी-अपनी ढफली, अपना-अपना राग लेकर बैठ जाते हैं... ये कैसी बराबरी भाई... आरक्षण भी और बराबरी का हक भी... वाह! वाह! इसे कहते हैं चित्त भी मेरी, पट भी मेरी।

कुछ ही देर पहले विकलांगों के लिए आरक्षित सीट पर जा धंसा नीली जींस वाला लगभग 30 के पेटे के एक युवक ने बिना किसी की तरफ निगाह उठाये ज्ञान की गगरी उड़ेली- शराफत से तो लोग रहे उन्हें बराबरी का दर्जा देने से, इसीलिए तो उन्हें कानूनन सुविधा दी जा रही है। अगर सामाजिक स्तर पर ये क्रांति हो ही जाती... धर्म, जाति और औरत-मर्द के नाम पर गैरबराबरी खत्म हो जाती, तो इसकी जरूरत ही नहीं पड़ती... छोटी सी बस में सिर्फ कुछ सीट आरक्षित होने पर ही जब मिर्ची लग रही है, तो भला क्या ऐसे में ये उम्मीद की जा सकती है कि इस देश में वंचित और कमजोर तबकों को न्याय मिलेगा। ये कहते हुए वह अपने बगल में बैठे 20-21 साल के युवक की ओर मुड़ गया, जो कोई नृप होय, हमें का हानि वाले अंदाज में कान में ईयरफोन लगाए एफएम पर कोई गाना सुन रहा था और मस्ती में हौले-हौले गरदन हिला रहा था।

उसने अपनी तरफ ताकते हुए उन महोदय को देखा तो जल्दी-जल्दी सिर हिलाकर कहा- हां... हां... रेडियो मिर्ची ही है... उसे लगा था शायद उससे ये पूछा जा रहा है कि कौन से एफएम से इतना बढ़िया गाना आ रहा है।

सच ही तो है, इस देश का अधिकतर आदमी ऐसा ही तो है, जिसने अपने कानों में अपने-अपने पसंद का एफएम लगा रखा है, जो हमेशा नीरो की बंशी की तरह बजता रहता है। चाहे किसी को मिर्ची लगे।

इस अटपटे जवाब को सुनकर अगल-बगल वाले लोगों के चेहरे पर मुस्कुराहट की हल्की-सी रेखा खींच गयी थी, जो ठसाठस भरी भीड़ में शरीर को टेढ़ा-मेढ़ा किये किसी तरह सफर किये जा रहे थे। थोड़ी देर के लिए ही सही, लेकिन वह अपनी परेशानी भूल गये थे, ठीक वैसे ही जैसे तमाम तरह की समस्याओं से जूझती जनता सरकार के किसी लॉलीपाप टाइप घोषणा से खुश हो जाती है। समर्थन की उम्मीद में उसकी तरफ देखने वाला नीली जींस वाला युवक झेंप गया था, जबकि कुर्ता-पायजामा, दाढ़ी वाले बुजुर्ग आग्नेय नेत्रों से नीली जींस वाले को घूरने लगे थे। मुझे उस युवक की बातों से बड़ी राहत पहुंची थी। मैं भी उस बातचीत में साझीदार हो गया- लोग समझते नहीं इस बात को कि देश में ज्यादातर समस्याओं की वजह ये गैर-बराबरी ही है... इसी वजह से लोगों में असुरक्षा बोध फैला हुआ है... और उसी का फायदा असामाजिक लोग उठा रहे हैं। इस पर तपाक से कुर्ता-पायजामा वाले बुजुर्ग बोल उठे- हां... हां... क्यों नहीं, क्यों नहीं। तुम जैसे क्रांतिकारियों की वजह से ही तो इस देश का सर्वनाश हो रहा है... महिलाओं को सिर पर चढ़ा दिया है... मानवाधिकार का झंडा लेकर वह सड़कों पर नंगी खड़ी हो गयी हैं... मणिपुर में क्या हुआ देखा नहीं। आदिवासियों

को सिर पर चढ़ा दिया, दिकू-दिकू बोलकर और थोड़ी दारू चढ़ा कर शरीफों को घर से खींच-खींच कर मारना शुरू कर दिया... दलितों की मनमानी नहीं दिखती क्या, जरा-सा कुछ हुआ नहीं कि दलित एक्ट में फंसा दिया... मंडल ने कितनों की जान ली ये तो याद होगा ही... और हां, इन मुसलमानों को इस देश में क्या कमी है... क्यों पूरे देश में मार-काट मचा रखा है... आखिर क्यों अपने ही देश का सर्वनाश करने पर तुले हैं... ये सब आजादी के नाम पर हो रहा है... कर दो इन सबके लिए इस देश के टुकड़े-टुकड़े एक बार फिर... एक टुकड़े से तो मन भरा नहीं... जिन्हें-जिन्हें इस देश में अपने साथ अन्याय होता नजर आ रहा है, क्यों नहीं चले गये उसी वक्त अपने देश के साथ। लेकिन नहीं, चले जाते तो यहां बखरा-झंझट कौन लगाता... सो रह गये।

नीली जींस वाले ने कुछ कमजोर आवाज में आपत्ति जताई, जो बस की शोर में गुम हो गयी। मैंने भी चुप रहना ही बेहतर समझा, क्योंकि होश संभालने के बाद से ही ऐसे मुद्दों पर जब-जब कुछ कहा- उसका फल मैं भोगता रहा हूं। मेरे दोस्त तो आज भी जब अपने गांव मुझे ले जाते हैं, तो मेरा नाम बदल देते हैं- मैं मिश्रा, सक्सेना, तिवारी, त्रिपाठी हो जाता रहा हूं।

बस चिड़ियाघर आ पहुंची थी, पूरी तरह ठसाठस भरी बस। खड़े-खड़े मेरी कमर दुखने लगी थी। मन में खिन्नता घर करती जा रही थी। यहां भी कुछ लोग उतरे थे, लेकिन पिछली बस स्टॉप की ही तरह यहां भी उतरने वाले से ज्यादा चढ़ने वाले थे। कुर्ता-पायजामा वाले बुजुर्ग ने सीट की आस में एक बार फिर चारों तरफ नजर दौड़ाई, लेकिन इस बार भी उन्हें कामयाबी हाथ नहीं लगी।

ये दिल्ली की ब्लू लाइन बसें भी कमाल की हैं। बाहर से देखने में चाहे जितनी भी भरी लगें, लेकिन दोजख की पेट की तरह कभी भरती नहीं। स्टॉप पर खड़ी कोई भी सवारी छूटती नहीं। सब उसमें समा जाती हैं।

चिड़ियाघर से चढ़ने वालों में एक नकाबनपोश औरत भी थी, जिसका पेट काफी फूला हुआ था। इस वजह से वह संतुलन बना कर चल नहीं पा रही थी। संभल-संभल कर उसे डग बढ़ाना पड़ रहा था।

बस चल दी थी। उस नकाबनपोश औरत को फूले पेट की वजह से चलती बस में पांव जमाने में काफी परेशानी हो रही थी। वह बार-बार भहरा जा रही थी। वह ठीक मेरे पीछे आ खड़ी हुई थी। उसे थोड़ी जगह मुहैया कराने की गर्ज से मैं, विकलांग आरक्षित सीट, जिस पर नीली जींस वाले महोदय कब्जा जमाए थे, के थोड़ा और करीब सरक गया था। दाढ़ी वाले बुजुर्ग कंडक्टर की सीट की तरफ जा दुबके थे। उस नकाबनपोश औरत को ज्यादा परेशानी न हो,

इसलिए खुद को मैं बार-बार आगे की तरफ सरकाता जा रहा था। मेरे पीछे खड़ी वह बार-बार अगल-बगल के लोगों से टकरा जा रही थी, मुझसे भी। वह इतनी लंबी भी नहीं थी कि आसानी से उसके हाथ बस के छत से लगी रॉड आ जाए, इसलिए बस के हर धचक्के के साथ वह भरभरा कर किसी न किसी से जा टकराती थी। वैसे हम सब भी कम परेशानी में नहीं थे, लेकिन पता नहीं क्यों मुझे बार-बार ये लग रहा था कि वह कुछ ज्यादा परेशानी में है, लेकिन जब भी मुड़कर उसकी तरफ देखता तो उसके चेहरे की नकाब कोई निश्चित राय कायम करने में मेरे आड़े आ जाती। इस अंतर्द्वंद्व की वजह से मैं बार-बार खुद को और... और... और आगे की ओर सरकाता जा रहा था। वैसे तो मेरे लिए विकलांग आरक्षित सीट पर बैठे उस नीली जींस वाले की घूरती निगाहों का सामना करना भी इतना आसान नहीं था, जिससे कि मैं खुद को आगे सरकाने के फेर में बार-बार टकरा जा रहा था।

बस लगभग हर रेड लाइट पर रुकती तय रोड पर आगे बढ़ी चली जा रही थी। लगभग हर स्टॉप पर लोग उतर-चढ़ रहे थे, लेकिन भीड़ थी कि कम होने का नाम ही नहीं ले रही थी। भीड़ की वजह से बस में घुटन होने लगी थी। मेरी सोच का रुख पूरी तरह से आतंकवाद की तरफ मुड़ गया था।

क्या लिट्टे वाले हिंदू नहीं हैं, कि उल्फा में हिंदू नहीं है... क्या 84 में इंदिरा गांधी को सिखों ने मारा था या आतंकवादियों ने... फिर इस देश के सारे सिखों का क्या कसूर था... क्या उन्हें मारने वाले आतंकवादी नहीं थे... गुजरात में मुसलमानों को मारने वाले आतंकवादी नहीं थे, कितना अच्छा तर्क गढ़ रखा है उनलोगों ने, ये देशद्रोही नहीं हैं... जनभावना का ज्वार है... प्रतिक्रिया है... उनके साथ अन्याय हुआ है और वो उसके खिलाफ खड़े हुए, लेकिन मुझे हर जगह एक ही बात दिख रही थी। हर जगह जुल्म के शिकार अल्पसंख्यक और कमजोर हुए। चाहे धर्म के नाम पर ये खेल हुआ, चाहे जाति के नाम पर।

मैं थक कर चूर-चूर हो चुका था। खड़ा रहने की हिम्मत नहीं बची थी। खड़े-खड़े दोनों पैर टटाने लगे थे, जिस वजह से खड़ा रह पाना भी मुश्किल होने लगा था। मेरे पांव थरथराने लगे थे।

जोरदार ब्रेक के साथ घंटे का सफर पौने दो घंटे में तय करती बस तारा अपार्टमेंट के स्टॉप से आ लगी थी। बस के सामने से रोड क्रॉस करते एक बच्चे को बचाने में बस को इतनी कवायद करनी पड़ी थी। मेरे पीछे खड़ी वह नकाबनपोश औरत बहुत जोर से मेरे से आ टकरायी थी। शायद उसका पेट मेरे से टकराया था। मुझे लगा कि उसके हलक से घुटी-सी चीख निकली... हाय

रब्बाऽ...ऽ. लेकिन बस की भीड़ और भीड़ की कोलाहल में ये आवाज उसी की है, मैं तय नहीं कर पाया।

तारा अपार्टमेंट पर उतरने के लिए लोग धड़-फड़ी मचाए थे। यहां उतरने वालों की संख्या ज्यादा थी। इस धड़-फड़ी में लोग एक दूसरे को धंसोड़ते हुए निकले जा रहे थे और बुजुर्गवार आस-पास की सीटों की तरफ नजरें गड़ाए थे। इस क्रम में वह नकाबनपोश पूरी तरह दब ही गयी थी। वह मेरे ऊपर आ गिरी थी। मैंने उसकी तरफ देखा तो उसके चेहरे पर चढ़े नकाब का रंग मुझे ज्यादा चमकीला लगा, जैसा अक्सर भीगने पर होता है।

मैं भी खुद को संभाल नहीं पाया था और नीली जींस वाले युवकं से जा टकराया था। इस बार उसे जरा जोर की टक्कर लगी थी, क्योंकि वह औरत अभी तक मुझ पर भहरायी हुई थी। मैंने जल्दी ही खुद को संभाल लिया था।

तारा अपार्टमेंट से बस खुली तो मुझे बहुत तसल्ली मिली। चलो और 10-15 मिनट... इसके बाद आने वाला चौथा स्टॉप मेरा था और अगला स्टॉप संगम विहार का। मुझे पता था कि रोज की तरह आधी से ज्यादा सवारियां आज भी संगम विहार में उतर जायेंगी यानी कि सीट मिले या न मिले कमर सीधी करने की सूरतेहाल तो हर-हाल में बन आयेगी। इसकी शुरुआत तारा अपार्टमेंट से ही हो चुकी थी। चढ़ने वालों से ज्यादा लोग यहां उतरे थे। दाढ़ी वाले बुजुर्ग फोन से उलझे थे। किसी को समझा रहे थे- कितनी बार मैंने तुम्हें समझाया है कि ऐसे काम नहीं चलेगा... हक के लिए लड़ना सीखो... उसके बाद तो मैं हूं ही।

नीली जींस वाला जिससे मैं जा टकराया था, वह मुझे धकिया कर थोड़ा और पसर गया था, फिर मुझे घूरता हुआ शब्द चबाता हुआ बोला- रीढ़विहीन है क्या रे तू?

मैंने नरमी से जवाब दिया- माफ कीजिएगा।

नकाबनपोश औरत की तरफ इशारा करता हुआ बोला- मुझ पर भहरा गयी थीं... इस वजह से टकरा गया... इनकी हालत तो आप देख ही रहे हैं... फिर भी अनजाने में हुई गुस्ताखी के लिए माफी चाहता हूं।

मेरी मुलायमियत की वजह से कि उस नकाबनपोश औरत की हालत की वजह से पता नहीं, लेकिन इतना जरूर हुआ कि उस नीली जींस वाले का गुस्सा काफूर हो गया और पसरे-पसरे ही कहा- कोई बात नहीं, कोई बात नहीं... बातों का सिलसिला जारी रखते हुए वह नरमी से बोला- इस भीड़ में भी आप लोगों का इतना ख्याल रखते हैं, ये देखना सुखद लगा, इसीलिए तो आज भी भारत की पहचान एक सहिष्णु देश के रूप में बनी हुई है... दूसरे देशों को देखिए अपनी

कट्टरता आ सनक का शिकार पूरी दुनिया को बना लेते हैं... ट्विन टॉवर को उड़ाने का मामला छोड़ भी दीजिए तो मुंबई का ताजा उदाहरण हमारे सामने है, है कि नहीं- अपनी आदतानुसार उसने एक बार फिर मुझसे हामी भरवानी चाही।

ऐसा नहीं है भाई... दुनिया इतनी भी खराब नहीं... मुझे तो हर कदम पर अच्छे लोग मिल जाते हैं- बस में... ट्रेन में... हर जगह... जैसे इसी को लीजिए न, मैं इतनी जोर से आपसे टकराया और आप हैं कि गुस्सा करने की बजाय मेरी तारीफ कर रहे हैं... सच में तो इस तारीफ के हकदार आप हैं... कहना तो और भी मैं बहुत कुछ चाहता था... गांधी और बुद्ध के इस 'अहिंसा!' के देश के बारे में। यहां की सहिष्णुता के बारे में। लेकिन मैं चुप ही रहा। एक बार फिर मेरा डर मेरे ऊपर हॉवी हो गया था, क्योंकि मुझे पता था कि उसके बाद क्या होगा...

मेरी यह बात सुनकर उसका चेहरा हजार वाट के बल्ब जितना रौशन हो गया- ठीक है, लेकिन...

अभी वह कुछ कहता कि इसके पहले दाढ़ी वाले बुजुर्ग की तेज आवाज सुनकर हम सबका ध्यान उनकी ओर आकर्षित हो गया था। वह कंडक्टर पर बरस रहे थे।

मामला यूं था कि तारा अपार्टमेंट से चढ़ने वालों में एक अधेड़ आदमी भी था, जिसके हाथ में छड़ी और आंख पर काला चश्मा था। कंडक्टर ने उसे देखते ही अपनी बगल वाली सीट पर बैठी सवारी को खड़ा करा कर उन्हें अपनी बगल में बिठा लिया। सीट पर बैठने से पहले वह आदमी फोल्डिंग छड़ी मोड़ चुका था और आंखों पर से चश्मा उतार कर पॉकेट के हवाले कर चुका था।

उधर फोन से फारिग होने के बाद आईटीओ चौराहे के पास सीट से उठा दिये जाने के बाद से ही उनका जमा गुस्सा लावा बनकर फूट पड़ा था- वह कंडक्टर पर बरस पड़े- बिफर कर कहा- कैसे बिठा दिया इसे। मैं घंटे-डेढ़ घंटे से यहां खड़ा क्या झक मार रहा हूं?

कंडक्टर, जो अब तक की पूरी यात्रा में सिर्फ घटनाओं का साक्षी बना पड़ा था। इससे पहले उसकी आवाज जब भी बस में गूंजी थी तो सिर्फ टिकट के लिए। इस बार ताव खा बैठा- चचाऽऽ जी ये हैंडिकैप्ड हयंऽ। नजर नहीं आता क्या?

कंडक्टर के इस तीखे बाण के लिए बुजुर्गवार तैयार नहीं थे। कुछ देर तो वह सकते में रहे। कुछ सूझा नहीं तो हकलाते हुए बोले- अच्छा-अच्छा त... त... तो ये विकलांग हैं... फिर खुद को संयत कर थोड़ी ऊंची आवाज में बोले- अगर ये हैंडिकैप्ड हैं, तो यहां क्या कर रहे हैं... इन्हें विकलांग आरक्षित सीट पर बैठना

चाहिए... इन्हें विकलांगों की आरक्षित सीट पर बैठाओ... चलिए... चलिए... आप उठिए यहां से... उठिए... उठिए...

विकलांग की सीट पर बैठा नीली जींस वाला आदमी मौके की नजाकत को खूब समझता था। वह सहज बोल उठा- अरे क्या कर रहे हैं भाई साहब... उन्हें क्यों परेशान करते हैं... उन्हें बैठे रहने दीजिए... किसे बैठना है यहां विकलांगऽऽ वालीऽऽ सीट पर, वह विकलांग वाली सीट को रबर की तरह खींचता हुआ बोला- आइए मैं उठ जाता हूं... इस भीड़ भरी बस में सीट के लिए कहां-कहां धक्का खाते फिरेंगे वे!

यह बात सुनकर चश्मा-छड़ी वाले महोदय को संबल मिल गया था और उन्होंने कोसना शुरू कर दिया- अब तो आदमियत नाम की जरा-सी भी कोई चीज बची ही नहीं... लोग यह भी नहीं सोचते कि इस भीड़ भरी बस में मैं भला अंधा कहां-कहां मारा फिरुंगा...

इधर बोलते-बोलते उसी झोंक में अपनी सीट पर पसरा नीली जींस वाला युवक उठ गया था। दाढ़ी वाले बुजुर्ग उस सीट से काफी आगे थे। मैं थोड़ा-सा टेढ़ा हुआ तो वह फूले पेट वाली नकाबनपोश औरत धम्म... से उस सीट पर जा बैठी। पता नहीं क्यों मुझे ऐसा लगा कि वह बैठी नहीं खुद-ब-खुद उस सीट पर जा गिरी है, अगर थोड़ी देर और खड़ी रहती तो जहां थी, वहीं गश खाकर गिर गयी होती। मैंने फिर टटोलने वाली निगाहों से उसकी तरफ देखा, लेकिन उसके नकाब को पार न पा सकीं मेरी निगाहें... मैं अनिर्णय की स्थिति में अपनी जगह खड़ा रहा।

बस को दो मिनट भी नहीं लगे होंगे संगम बिहार पहुंचने में। नीली जींस वाले के साथ संगम बिहार में आधी से ज्यादा भीड़ उतरने की आपाधापी मचाए थी।

थोड़ी देर में सवारियों को उतार कर बस चली तो मैंने बड़ी सुकून महसूस की। मुझे कमर सीधी करने की जगह मिल गयी थी। दाढ़ी वाले बुजुर्ग को ड्राइवर की तरफ वाली अगली सीट मिल गयी थी। पहले से बैठे एक आदमी के साथ उन्होंने सीट शेयर कर ली थी। उन्हें अब जाकर इस बात का एहसास हुआ था कि मैं भी परेशानी में हूं। उन्होंने मेरी तरफ बड़ी आत्मीयता से देख कर कहा- आओ बेटा तुम भी इसी पर बैठ जाओ। हम दोनों थोड़ी-थोड़ी में बैठ जायेंगे!

जी! शुक्रिया!

अरे! आ भी जाओ... उन्होंने आग्रह किया। वैसे जाना कहां है?

जी बस दो स्टॉप और, देवली मोड़ तक।

अच्छा! अच्छा! क्या नाम है तुम्हारा?

जी, हुसैन! हुसैन अली।

मुसलमान हो? बुजुर्ग ने अचानक चौंककर मेरी ओर देखा।

मुझे यकायक लगा यात्रा अब समाप्त हुई है मेरी। इस यात्रा में था ही क्या? एक आदमियों से भरी हुई बस। गर्मी, गर्मी से पैदा हुई राजनीति। उसके बीच मेरा मुसलमान होना। लगा बस में बैठे आदमियों की आंखें यकायक मेरी पीठ पर चुभने लगी है... तो मुसलमान हो तुम? शायद इस एक वाक्य में ओसामा से तालिबान तक कितना कुछ घूम गया होगा। या फिर देश में होने वाला चुनाव, जिसका ऊंट करवट लेते-लेते यकायक मुस्लिम वोटों की ओर मुड़ जाता था। लगा, जैसे भीतर तक सरसराहटें हों। अनगिनत लाल च्यूंटियां... जो मेरे 'उधेड़े' मांस से होकर गुजर रही थीं...

कहां जाना है... कंडक्टर पूछ रहा था।

बस यहीं तक... कहते हुए शून्यविहीन था। सड़क पर पांव धरते हुए जैसे एक निःशब्द सन्नाटा मुझे भीतर तक लील गया था...

न जाने क्यों?

# छलात्कार

छलनाएं जिंदगी का अहम हिस्सा होती हैं। वह आपको जीने का सलीका सिखाती हैं। अवसाद से निकालती हैं। मनोविज्ञान की भाषा में मनोरचनाएं। जिंदगी की चाहतों को न हासिल कर पाने की सूरत में निराशाओं को न पनपने देने के लिए जन्मती यह छलनाएं ही तो हैं, जो हममें जीने का उत्साह भरती हैं। हमसे झूठ बोलवाती हैं, कुकर्म करवाती हैं, लेकिन हौसला दे जाती हैं।

यह छलनाएं ही तो हैं, जो हमारे मनोविज्ञान का तर्कशास्त्र गढ़ती हैं। फिर उन तर्कों को दर्शन में ढालती हैं और उसके बाद सेट थ्योरी के जरिये आंकड़ों में बताती हैं- जैसे सारे मर्द कुत्ते हैं, लेकिन सारे कुत्ते मर्द नहीं। इसका मतलब यह हुआ कि सारे कुत्ते मर्द नहीं हैं। लेकिन कुछ कुत्ते मर्द हैं।

इसी तरह मान लीजिए के आधार पर हम जिंदगी की सेट थ्योरी हल करने बैठ जाते हैं।

वह भी तो जिंदगी के इसी सेट थ्योरी को हल करने में ही उलझी है। हां, वह लड़की है। एक आम लड़की। जाहिर है आम है तो सपने भी आम होंगे, जिंदगी भी आम होगी, और दिनचर्या भी। आम है इसीलिए तो सुबह से रात तक वह चकरघिन्नी की तरह नाचती रहती है। जब मायके में थी तब भी और अब ससुराल में है तब भी। फर्क महज इतना आया है कि मायके में माता-पिता और भाई की सेवा-सुश्रूषा करती थी और ससुराल में उनकी जगह सास-ससुर और पति ने ले ली है।

शक्र है दिन-रात काम के बोझ से नाचती इस लड़की के पास भी हर आदमी की तरह छलनाएं हैं। हसीन छलनाएं। मायके में मां-बाप की दुलारी होने का और ससुराल में पति की प्यारी होने का। इसलिए हर प्यारी पत्नी की तरह ही वह भी अपने सास-ससुर पर भारी पड़ती है। सास कुनमुनाती तो है, लेकिन उस पर बहुत ज्यादा रौब गालिब नहीं कर पाती। सास को शादी के बाद से ही इस

बात का मलाल है।

लेकिन जीने के लिए छलनाएं तो सास के पास भी हैं। और छलनाएं कभी किसी को निराश होने नहीं देती हैं। इसलिए सास भी निराश नहीं है। इंतजार में है बहू के आलता और मेहंदी के रंग के धुलने के। और सास को उम्मीद है कि 'नवकी' का लेबल हटते ही वह बहू पर काबिज हो जाएगी।

सास को इंतजार था एक बहाने का, मिला दो। क्योंकि बहू पर से नवकी का लेबल तो हट गया, लेकिन वह अब तक 'नवका' नहीं ला सकी है। आंगन में किलकारियां नहीं गूंजा सकी है। सास को एलएचएस बराबर आरएचएस प्रूव करने का मौका मिल गया है। जिंदगी भी तो गणित की ही तरह है। समीकरण हल करने का मौका सबको देती है। हां, बराबरी का मौका। और जिसका समीकरण फॉर्मूले पर बैठ गया, उसने पूरे अंक अर्जित कर लिये। इस बार वह मौका सास के पास है। ...तो भला वह चुप कैसे बैठ सकती है।

एलएचएस बराबर आरएचएस प्रूव करने के लिए तो सास ने एक ही परिकल्पना बनाई है। वही परिकल्पना जो जब से सभ्यता है, तब से चली आ रही है और जब तक सभ्यता रहेगी, तब तक चलती रहेगी। उसको यह परिकल्पना अपनी सास से विरासत में मिला है। बताते हैं कि उसकी सास को उसकी सास से और ऽऽऽ... इस तरह यह परिकल्पना छलना बनकर एक सास के सीने से होते हुए दूसरे सास के सीने तक अनादिकाल से पहुंचता आ रहा है :

...कि वंश बेल देख लें, फिर हंसते-हंसते रुख्सत हो जाएंगे जहान से, किंतु बहू अभी तक वंश बेल नहीं दिखा पाई है। फिर भला सास कैसे हंसते-हंसते रुख्सत हो सकती है। इसलिए सास उसे रुख्सत करने की धमकी देने लगी है। दूसरी नवकी ले आने की धमकी देने लगी है। बहू की छलनाएं कमजोर पड़ने लगी हैं। उसके साथ छल करने लगी हैं। इसलिए वह डरने लगी है। कहीं सच में सास ने रुख्सत कर दिया तो... दूसरी नवकी ले आई तो...

पति की छलनाएं अलग है... उसकी छलना तो उसकी पत्नी ही है। पत्नी का सामीप्य उसे ऐसी खुमारी से भर देता है कि मदहोश हो जाता है। इसलिए उसके खिलाफ कुछ नहीं सुनता। ऐसी बातें सुनते ही पत्नी को बांहों में भर कर कहता है- किसकी मजाल है, जो तुझे मुझसे दूर कर दे और उसके इर्द-गिर्द अपनी पकड़ और मजबूत कर देता है।

पर आजकल उसकी पकड़ ढीली पड़ने लगी है। क्योंकि उसकी छलनाओं पर अम्मा की छलनाएं भारी पड़ने लगी है। क्योंकि उसके सीने में भी पीढ़ी दर पीढ़ी कर वही छलनाएं छिपी हुई हैं, जो अब अपना नख-दंत निकाल रही हैं।

इसलिए वह अब ऐसे सवालों पर पत्नी से आंख नहीं मिला पाता है। आंखें तो वह अम्मा से भी चुराता है। वह चुप्पी साधने लगा है। पत्नी के ज्यादा कुरेदने पर वह गेंद अम्मा के पाले में डाल देता है- अब अम्मा के सामने भला मैं क्या कह सकता हूं। वह जो करेगी, घर के भले के लिए ही तो करेगी।

इसलिए जब पत्नी पूछती है- और मेरा भला?

तो वह कहता है- वंश बेल बढ़ना तो सबसे ज्यादा जरूरी है न? नहीं तो हमारा कौन नामलेवा बचेगा धरती पर? इस बात की परवाह किये बगैर कि उसे भी अपने परदादा-परदादी का नाम याद नहीं है।

इसलिए भी पत्नी डरने लगी है। अब प्यार उसे छल लगने लगा है। उसके जीवन का आधार ही खिसक गया है। ऐसा हुआ तो...

...तो लोक-परलोक सब खराब हो जाएगा।

अब सास उस पर भारी पड़ने लगी है। पत्नी रिरियाने लगी है। गिड़गिड़ाने लगी है। सास को मनाने लगी है। एक बार डॉक्टर से दिखा लाने के लिए सास के पैर घंटों दबाती है। आखिरकार सास मान गई है। और करती भी क्या? उसके रगों में दौड़ने वाले खून के लिए तो यह जरूरी है। सास भले औरत हो, लेकिन उसे मर्द चाहिए, क्योंकि वंशबेल तो उसी से चलेगा न। इसी वजह से अकड़ भी तो है। लड़का की मां होने की अकड़। अगर पोता नहीं आया तो यह अकड़ कैसे रहेगी। इसलिए वह मानी है। लेकिन सिर्फ उसके लिए। पति के लिए नहीं।

कहती है- मर्द में कहीं कोई कमी होती है क्या! हट्ठा-कट्ठा पहलवान मर्द है, उसमें भला क्या कमी... कमी तो तुझमें ही होगी। अधमरी सी तो है।

सास की दुत्कार के बाद भी बहू बहुत खुश है। उसकी छलनाएं एक बार फिर मजबूत होने लगी हैं। वह डॉक्टर से दिखाने जा रही है। आजकल तो हर चीज का इलाज है। विज्ञान बहुत तरक्की कर गया है। अब जरूर वंश बेल बढ़ा पाएगी। अब नवकी को लाने की जरूरत नहीं पड़ेगी।

लेकिन डॉक्टर के पास कोई छलना नहीं है। डॉक्टर की छलनाएं (परिकल्पनाएं) कई विश्वसनीय परिक्रमाओं से गुजर कर सच बन चुका है। एलएचएस बराबर आरएचएस प्रूव हो चुका है। इसलिए उसने कहा है। किसी नवकी को लाने की जरूरत नहीं है। वह लड़की है। एक आम लड़की। संपूर्ण लड़की। उसमें कोई कमी नहीं। वह तो सास को भी ताकीद कर रहा है। लड़के को लाओ। उसे देखते हैं। सास की छलनाएं उससे कहलवा रही है- मर्द में क्या कमी। वह भी पहलवान मर्द में। आज भी कुश्ती में उसके जोड़ का कोई नहीं। डॉक्टर सास को समझा रहा है। कमी का शरीर के आकार-प्रकार से कोई संबंध नहीं। न ही

जिस्मानी ताकत से कोई लेना-देना है।

सास कई तरह के मुंह बना रही है। सोच रही है। एक बार चेकअप कराने में कोई हर्ज नहीं। अगर कोई दिक्कत होगी तो... तो इलाज करा देगी।

जांच के बाद पासा पलट गया है। सास की छलनाएं एक बार फिर कमजोर पड़ने लगी हैं। उसे यकीन ही नहीं होता। ऐसी भी कोई बीमारी होती है क्या? डॉक्टर ने झूठ कहा है लगता है- इसकी मर्दानगी में कोई कमी नहीं है। लेकिन क्या तो... क्या तो कहता है... हां बच्चा पैदा करने वाला बीज... स्पर्म नहीं बनता है। बनने की कोई संभावना भी नहीं है। बचपन में लड़के को कैंसर हुआ था।

हुआ था तो क्या? इलाज भी तो करवाया था हमने। कोई कसर छोड़ी थी क्या? लाखों खर्च किये थे अपने बेटे के इलाज पर, तब कहीं जाकर ठीक हुआ था यह। डॉक्टर ने भी तो कहा था कि अब घबराने की कोई बात नहीं। पूरी तरह से ठीक है यह। अजी, क्या घबराने की बात नहीं। घबराने की बात नहीं है, तो यह क्या है। यह मुआं डॉक्टर कहता है कि उसी इलाज की वजह से अब स्पर्म नहीं बनता। कई-कई बार की गई कीमोथेरेपी की वजह से कई बार यह समस्या पैदा हो जाती है। एजोस्पर्मिया हो गया है इसे। इलाज की कोई गुंजाइश नहीं। कुछ भी कर लो, बच्चा पैदा नहीं कर सकता यह।

मुंह लटकाए घर आई है सास। परेशान है। अब क्या होगा! कैसे बढ़ेगा वंशबेल? कौन नामलेवा बचेगा धरती पर। डॉक्टर उसके सोचों पर भी हावी है- उपाय है। वह अपनी छलना को मुंडेर पर चढ़ाने की कोशिश में है। किसी और के स्पर्म का प्रत्यारोपण। टेस्ट ट्यूब बेबी।

लेकिन कुछ छलनाएं तो हमारी रगों में लहू बनकर दौड़ती है। उसे कैसे अलग किया जा सकता है। जिंदगी की सेट थ्योरी हल करने के लिए वह नयी परिकल्पनाएं गढ़ रही है। सास सोच रही है- किसी और का स्पर्म। टेस्ट ट्यूब बेबी? न जाने क्या-क्या लगा रखा है इस डॉक्टर ने। फिर वह हमारा वंशबेल कैसे होगा... नहीं। कृत्रिम स्पर्म का प्रत्यारोपण? अब तो ऐसी तकनीक आ गई है कि जिससे किसी दूसरे आदमी के स्पर्म की जरूरत ही नहीं। अब लैब में ही स्पर्म तैयार हो जाता है। पूरी तरह से कृत्रिम। भगवान का नहीं, डॉक्टरों का बनाया हुआ। वह असली स्पर्म जैसा ही काम करता है। इस स्पर्म से आनुवंशिक बीमारियों का भी खतरा नहीं रहता है। बच्चा पैदा करने में पूरी तरह सक्षम है यह बीज।

फिर वह भगवान की देन कैसे? बाप रे... क्या मुंह दिखाएंगे भगवान को... जिस इनसान को भगवान न गढ़े, डॉक्टर गढ़े, वह पता नहीं कैसा होगा? छीः,

सास का पूरा शरीर सिहर आया है। वह परम पिता की संतान कैसे होगा। नहीं... नहीं यह ठीक नहीं।

लड़की इस बात के लिए सास को मना रही है। घंटों पैर दबा रही है। मिन्नतें कर रही है। सब बेअसर। वह पति को मना रही है। वह भड़क रहा है। मेरा मजाक उड़ाती है। वह अच्छा कहती है। पति बुरा मान जाता है। वह अजीब व्यवहार करने लगा है। पागलों-सा। कहता है- व्यर्थ है मेरा जीना।

व्यर्थ है तेरा परेशान होना। सास समझा रही है। सास अपनी नयी परिकल्पनाओं के साथ सेट थ्योरी हल करने में लगी है। नियोग। हां, नियोग ही एकमात्र रास्ता है। बहू विरोध कर रही है। सास समझा रही है। यह अनादिकाल से होता आया है। महाभारत काल से लेकर हर काल में इसके उदाहरण हैं। वह कुंती का उदाहरण दे रही है। वेद व्यास का उदाहरण दे रही है। धृतराष्ट्र, विदुर और पांडु के बारे में बता रही है। लड़की अडिग है। सास धमकी दे रही है। सोच ले, वरना इस घर से हाथ धोना पड़ेगा। पहले भी सास ने धमकाया था। किसी को कानोंकान खबर न होने पाए। पति के इस कमी के बारे में। वरना इस घर से हाथ धो बैठेगी।

लड़की उस दिन भी डर गई थी। आज भी डर गई है। आखिर वह लड़की है। एक आम लड़की। उसकी रगों में भी एक छलना लहू बन कर दौड़ रही है। लड़की की डोली मायके से उठती है, अर्थी ससुराल से। अगर यह घर छूट गया तो कहां जाएगी। अर्थी उठने तक यहां ही रहना है। इसी में सम्मान है। इस सम्मान के लिए वह हर अपमान सहती रही। बेटे में कमी है। जानते हुए भी सास उसे ही अपमानित करती रही। कोसती रही। सबको सुनाती रही कि उसका इलाज चल रहा है। बड़ा खर्च है। लेकिन बहू है, कैसे छोड़ दें। वह जब से आई है, सास कोई काम नहीं करती, लेकिन आजकल सास बहुत व्यस्त रहती है। बहुत मेहनत से कर रही है प्रचार-प्रसार का यह काम- बहू में कमी है। इलाज चल रहा है। बड़ा खर्च है। आखिरकार सास बहू पर भारी पड़ ही गई। उसकी एक बहुत बड़ी मुराद पूरी हो गई है। सास बहुत खुश है। लेकिन वंशबेल की चिंता भी है।

बहू को हाथ से पत्ते निकलने का अफसोस है। फिर भी वह चुपचाप सब सह रही है, ताकि अर्थी यहीं से उठने का सौभाग्य उसे प्राप्त हो। ऐसा नहीं हुआ तो वह कहां जाएगी। वह डरती है, इसलिए उसने मान लिया है। मान लिया है कि नियोग के जरिये वंशबेल बढ़ाएगी। पति ने सास के साथ मिलकर साफ-साफ कह दिया है- नहीं कर सकती तो यहां रहने की जरूरत नहीं है। किसी और के

साथ नियोग की जरूरत नहीं। वंशबेल हमारा है तो बीज भी हमारे वंश का ही होना चाहिए। दो ही तो बेटे हैं। और कोई तो है नहीं हमारा। इसलिए पोते के लिए बड़ा बेटा कुरबानी देगा। हम अपने खानदान के लिए दूसरे खानदान का बीज नहीं ले सकते। वह चीख उठी- नहीं... वह तो मेरे पिता समान हैं। वह फिर एक बार रिरियाती है। भसुर का बीज... ठीक है। यह तो यही सही, लेकिन टेस्ट ट्यूब बेबी या प्रत्यारोपण द्वारा वंशबेल बढ़ाया जाए।

सास चीख उठी। कहा न, बात फैल सकती है।

दूर के शहर में जाकर वहां के अस्पताल में... वह समझा रही है। सास ने धमकाया- ज्यादा दिमाग मत लगाओ। तुमसे ज्यादा समझदार-समझदार लोग हैं यहां। जिस वंशबेल को भगवान न गढ़े, वह क्या वंश बढ़ाएगा। इनसान ही, इनसान को गढ़ लेता तो भगवान की क्या दरकार! जन्म-मृत्यु भगवान के हाथ है। भगवान ने बच्चा पैदा करने की जो विधि बनाई है, वही सही है। पता नहीं किस गलती की सजा दी है भगवान ने। बचपन में बेटे को नासूर हो गया और अब ऐसा हो गया। अब और कोई गलती नहीं करना चाहती। भगवान को नाराज नहीं करना चाहती। नहीं चाहती कि इस वंश का नामो-निशान मिट जाए। कोई दीया जलाने वाला तक न रहे। इसलिए भगवान की बताई विधि के अलावा कोई विधि नहीं अपनाएगी तू। सास ने फरमान जारी कर दिया है।

पति ने हाथ खड़े कर दिये- मां ने जो कहा, वह समझ में नहीं आता क्या?

मां-बाप ने समझाया। जब तक बेटा न हो, औरत का देह शुद्ध नहीं होता। औरत पूर्ण नहीं होती। धार्मिक आख्यानों से कई उदाहरण दिये।

लेकिन डॉक्टर ने तो कहा था कि वह पूर्ण है। वह बोली तो मां-बाप ने बात काट दी और कहा- डॉक्टर के कहने से क्या होता है। फिर से वही बात दोहरा दी। धर्मशास्त्रों में जो कहा गया है- पुरखे जो कह गए हैं- वही सही है। उसे मानना औरत का धर्म है।

और क्या है औरत का धर्म?

औरत का धर्म है हर हाल में घर परिवार की इज्जत को ढंक कर रखना। ऐसे करेगी तो जगहंसाई होगी। फिर इस घर-खानदान की बेटियों का हाथ कोई न थामेगा। उसकी छोटी बहन है। भतीजी है। उनका क्या होगा। वह डर गई। कोई चारा न था। रोते-रोते भसुर के कमरे में घुसी। इस काम में जेठानी भी सहयोग कर रही है। काठ की औरत को भी सौत समझने वाली जेठानी सास के डर से सब कर रही है। उसने झट से किवाड़ बंद कर दिया। उसे भी तो ससुराल से ही

अर्थी उठानी है। सास का विरोध कैसे कर सकती है। सास चैन की सांस लेती है। चलो, घर की बात घर में ही रह जाएगी। वंशबेल भी बढ़ जाएगा।

वंशबेल बढ़ाने की जुगत में सास ही नहीं, भसुर भी पूरी तरह जुटे थे। वह भसुर जो उम्र में अपने भाई से दोगुने से भी ज्यादा के थे। करीब पच्चीस साल से भी ज्यादा समय बीतने के बाद सास को दूसरा बच्चा हुआ था, क्योंकि ससुर सास को छोड़ किसी दूसरे के साथ चले गए थे। तब सास की उम्र मात्र उन्नीस साल थी। सास की सौत के जीते जी लौट कर नहीं आए वह और जब आए तो सास ने कोई शिकायत नहीं की। झट स्वीकार लिया। सिर्फ इसलिए एक बच्चा और पैदा कर लिया कि फिर किसी के साथ न भाग खड़े हों। लेकिन इसका कोई फायदा नहीं हुआ। वह बचे सिर्फ चार साल और। हां, बुढ़ापे में बिना बाप के बेटे को पालने में सास के जरूर नौ नतीजे हो गए। पहले भी उसने बड़े बेटे को अकेले ही पाला था, तब तो वह अपने बड़े बेटे का मुंह भी नहीं देख पाए थे। उसके जन्म से पहले ही घर छोड़ कर चले गए थे। पति के न रहने पर तब बड़ा ललना और दूसरी बार वही छोटा ललना उसके जीने के छलनें भी तो बने थे, जो जब वह उदास होती तो उसका मन मोह लेते थे।

जब से सास ने सुना है कि उसके छोटे बेटे के पास बीज नहीं है, वह और परेशान हो गई है। वह अपने छोटे बेटे को भी जीने के लिए एक छलना देना चाहती है, वही छलना जिसके सहारे अब कब्र में पांव लटकाए सास के जीने का कभी सहारा बना था।

इसके लिए भसुर भी काफी मेहनत कर रहे थे। हर जतन कर रहे थे। तन नहीं पा रहे हैं, पर पुण्य का भागी तो बनना ही है। कहीं पढ़ रखा है कि मना करने पर मर्दानगी घटती है। कैसे मना करते वह। लेकिन उम्र है कि उनकी मर्दानगी के आड़े आ रही है। पर भसुर मानने को तैयार नहीं हैं। आखिर खानदान के वंशबेल की बात थी। इस पुण्य में भागीदार होने का मौका भला कैसे छोड़ सकते थे वह। भाई का यह लोक तो बिगड़ ही गया, वह उसका परलोक नहीं बिगाड़ना चाहते थे। इसलिए परलोक सुधारने में जुटे हैं। तरह-तरह के 'ज'-तन कर रहे हैं। पर तन नहीं पा रहे हैं। आंखें नीची कर रखी है। हांफ रहे हैं। बाल नोच रहे हैं। गों...गों...गों... मुंह से किलसने की आवाजें निकाल रहे हैं। थक कर बेसुध पड़े हैं।

एक बार फिर एक छलना लड़की को छल रही है। वह उसे बेचैन कर रही है। उसे याद आ रहा है। कैसे पैसेंजर ट्रेन में एक बार किसी मनचले ने पीछे से हाथ बढ़ा कर चिकोटी काट ली थी। काफी भीड़ थी। वह पहचान नहीं पाई थी,

किसने की यह हरकत। इसलिए वह दम साधे खड़ी रही थी, जैसे आज दम साधे पड़ी है। अपना स्टेशन छोड़कर वह अगले स्टेशन पर ही उतर गई थी। शॉल के भीतर हाथों से रगड़-रगड़ कर पूरी छाती सूजा ली थी। लग रहा था मानों कोई बिच्छू चिपक गया हो। और लगातार डंक मारे जा रहा हो। उस डंक की टीस कई दिनों तक वह महसूसती रही थी। उससे भी भयानक डंक आज महसूस रही है। यह डंक असहनीय होता जा रहा है। उसे लग रहा है, वह, वह नहीं है। आज वह खुद को अजनबी महसूस कर रही है। उसे लग रहा है उसका कोई अस्तित्व नहीं है। वह सिर्फ एक लिजलिजा मांस का लोथड़ा है। लिजलिजा लोथड़ा! इस विचार से ही उसे ऊबकाई आने लगी। जी मितलाने लगा। मुंह उल्टी से भर गया। वह चीख रही थी। उसका संत्रास बढ़ता जा रहा था।

हर दिन वह इस तरह के खौफनाक अनुभवों से गुजर रही थी। वह इस बोझ को सहती रही। रोती रही। मुक्ति की प्रार्थना करती रही।

भसुर के कमरे से निकलते ही रोज बाथरूम में घुस जाती। कड़कड़ाती ठंड में भी शॉवर के नीचे बैठी रहती और तपती रहती। आग, आग लगी है... आग... पूरे बदन में। जितना पानी डालती है और खौलती जाती है। न ठंडा पानी और न ही ठंड से जमा देने वाला यह मौसम मुआं उसे शीतल कर पा रहा है। छाती धौंकनी की तरह चल रही है। वह हांफ रही है। मुंह से जीभ निकाल कर सांस ले रही है। उसी की तरह मुंह से गों... गों... गों... की आवाज निकाल रही है। वह किसी निर्णय पर पहुंच रही है। लिजलिजा चेहरा सख्त होता जा रहा है। चेहरा पूरी तरह कठोर हो चुका है।

वह बाथरूम से बाहर निकल कर उबल पड़ी- खबरदार! जो किसी ने मेरे पास आने की हिम्मत की। नपुंसक हो... नपुंसक, तुम सब। शरीर से भी और दिमाग से भी। एक के पास बीज नहीं है। दूसरे के पास बीज बोने का दम नहीं है और तीसरी स्खलित हो चुकी है पूरी तरह... विचार से। मुझे भी बंजर बना डाला है तुम तीनों ने मिलकर।

सबने धमकी दी। घर से निकाल देने की। पर आज वह डरी नहीं। चीख उठी- तुम क्या निकालोगे मुझे। मैं खुद घर छोड़ रही हूं। जितना खटती हूं इस घर में, उतना कहीं भी खटूंगी तो दाल-रोटी की कमी नहीं होगी।

सब अवाक। वह निकल पड़ी। अदेखा डगर। अनिश्चित भविष्य। अजाने खतरे। लेकिन हौसला जबरदस्त। चेहरे पर शिकन तक नहीं। मुक्ति की सांस। आजादी का उल्लास। आज उमग रही है, वह तुरंत जन्मे बच्चे की तरह। प्रसव पीड़ा से गुजरने के बाद की खुशी साफ नजर आ रही है उसके चेहरे पर।

सामने एक बाइक खड़ी है। बाइक के शीशे में एक मुद्दत बाद बड़े अनुराग से खुद को देख रही है वह। बीच चौराहे पर अंगड़ाई लेती है। आह! कितनी खूबसूरत यह छवि- मेरी बेटी! एक पूर्ण तृप्ति। वह मुस्कुरा उठी। एक और छलना पैदा होती है उसके भीतर जीने की। फिर दृढ़ कदमों से एक तरफ बढ़ जाती हैं। चेहरे पर निश्चिंतता है। खुद पर भरोसा है।

x x x

## कहानी अब भी शेष है...

सास उसे मनाने आई है। बहू घर छोड़कर क्या गई, राज, राज ना रहा। सास की छलनाएं कमजोर पड़ गई हैं। बहू के घर छोड़ देने की वजह से उसकी छलनाएं उसे दलने लगी हैं। इसीलिए, उस दलन से निकलने के लिए वह आई है। घर की प्रतिष्ठा बहाल करने के लिए बहू को लेने आई है। वापस चलो। क्या रखा है यहां, कष्ट के सिवाय। यहां झोपड़ी, वहां दो मंजिला मकान। यहां दासी, वहां मालकिन। यहां किरायेदार, वहां गृहस्वामिनी। चलो घर चलो।

घर! कौन-सा घर?

अपने घर...

सास की भवें सिकुड़ रही हैं। यह दांव भी खाली जाता देख नया पैतरा चलती है- मैं तुम्हारे लिए चिंतित हूं। तुम नहीं समझती। औरत बिना मर्द के कभी पूरी नहीं होती। वह हमेशा अधूरी रहती है। इसलिए वह अर्धांगिनी कहलाती है। मर्द के साथ मिलकर ही वह पूरी होती है। तुझे क्या पता, कितनी अधूरी जिंदगी काटी है मैंने। पच्चीस साल! उसके बाद लौट कर जब आए तेरे ससुर, तब पूर्णता का एहसास हुआ। चार साल भी साथ नहीं रहे, फिर छोड़ कर चले गए, आज भी मैं खुद को अधूरी महसूसती हूं और तू कहती है कि तू पूरी है। सास की आवाज में इस बार सचमुच पीड़ा है।

वह चुप रहती है...

सास को लगता है कि उसके वार का असर हो रहा है। वह ब्रह्मास्त्र फेंकती है- कैसी बहकी-बहकी बातें कर रही है तू आज... अकेली औरत को समाज किस नजर से देखता है क्या तू जानती नहीं। इतना ही नहीं, कितने तो चील-गिद्ध की तरह नजरें गड़ाये होंगे। वे तुम्हें नोच खायेंगे। वहां सुरक्षा है। कोई और तुम्हें छू नहीं सकता। वह तुम्हारा घर है।

कौन-सी सुरक्षा? कहां की सुरक्षा? कहां खतरा है तुम भी जानती हो? इस बार बहू फट पड़ती है- खतरा तो वहां था... वहां है... चहारदीवारी के भीतर। घर

की दीवारें खोखली हो चुकी हैं। भूकंप का हल्का झटका भी बरदाश्त नहीं कर सकती वह! तुम भी बाहर आ जाओ... कभी भी गिर सकती हैं... खतरा तो वहां है... दबकर मरने का, यहां इस खुले में नहीं। भूकंप में सिर्फ दब कर मरने का खतरा रहता है, यह वैज्ञानिक सच है। अटल सत्य... प्रयोगों पर जांचा-परखा।

सास समझ जाती है कि अब बहू पर उसका जोर नहीं। जोर से चिल्लाती है- बदकार, बदचलन...

वह सास के मुंह पर दरवाजा बंद कर देती है। सास वापस घर चली जाती है।

x x x

## ऐसे ही जीवन चल रहा है

बहू और सास दोनों अपने-अपने छलनाओं को सच मान कर जी रही हैं। दोनों का जीवन चल रहा है और चलता ही रहेगा...आगे क्या मोड़ लेगा मुझे नहीं पता!!!

# दिक्-दिगंत की कथा

आसमान से तारों ने ट्विंकल-ट्विंकल लिटिल स्टार गाना गाया... चांद ने अपनी चांदनी से नहलाया... बिजली कड़की... खुशी में बादलों ने ढोल बजाए... परियों ने तारों की वर्षा की... फिजां में जुगनुओं ने रोशनी बिखेरी... नूर की रिमझिम बारिश हुई... शबनमी बूंदों ने धरती पर मोतियों की लड़ी पिरो दी... और तब रूई के फाहों जितनी मुलायम, गुलाब की ताजा पंखुड़ियों की मानिंद हल्की गुलाबी रंगत लिए वह धरती पर आई... परियों की मासूम मुस्कान को मात देने वाली उसकी रूलाई पर लोगों ने बधाइयां दी...

उसकी खूबसूरती देख अप्सराओं ने मुंह छिपा लिये... चांद शरमा गया... चांदनी ने आहें भरी... तारों की चमक फीकी पड़ी...

सुबह-सुबह सूरज ने चारों तरफ कोमल रश्मि किरणें बिखेरी... बादे सबा ने खुशियों में झूम-झूमकर दुनियाभर में उसके आने की खबर पहुंचाई... वसंत ऋतु आई... उसकी कोमलता और खूबसूरती का बखान करने के लिए पेड़ों पर नये पत्ते उगे... इस खुशी के मौके पर कोयल ने कूक-कूक कर राग दीपक गाए... मोरों ने नाच-नाचकर दुनिया को मदमस्त कर दिया...

वाह कितनी सुंदर और मुलायम... अप्रतिम... अद्भुत... लोगों ने तरह-तरह के कसीदे काढ़े...

जैसे-जैसे बड़ी होती गई वह और निखरती गई... स्कूल-कॉलेज में उसकी खूबसूरती के खूब चर्चे हुए... ललक कर लड़कों ने दोस्ती की... मगर किसी ने फब्तियां नहीं कसी... चाल-चलन पर सवाल नहीं उठाया...

उस रूपसी का रूप लावण्य जल्द ही सरहदों को लांघता गया... हर कोई उसे देख चमत्कृत हुआ... देश-दुनिया घूमी... लेकिन नाखुदा किसी को नहीं बनाया... अपनी पतवार किसी के हाथ में नहीं दी... सभी ने उसकी तारीफ की... कुदृष्टि नहीं डाली...

गीत-संगीत तो उसकी सांसों में थे... गिटार बजाई... पियानो पर थिरकी... लेकिन कभी शहनाई नहीं बजाई... न ही किसी को अपनी शहनाई बजाने की इजाजत दी... पूरी जवानी अकेले बिताई... चांद भी दागदार, पर वह बेदाग, उजली, निश्चल चांदनी की तरह दग-दग करती रही... पर यह चांदनी उधार की नहीं थी... हां, उसने कभी किसी सूरज से रोशनी नहीं ली... वह स्वयं में सूरज थी... ऊर्जा, लावण्य, प्रभामंडल... और इस सबसे निर्मित उसका अपना सौरमंडल... आखिर किस ग्रह-उपग्रह में इतना जवाल होता कि वह सूरज के सामने अपनी हसरतें लिए जाता... जल नहीं जाता! वैसे भी सूरज के सामने सभी सय्यारे गर्दिश में ही रहते हैं... कोई रुक कर सामना करता तब तो दीया दिखाता.... इतनी ताब भला कोई ला पाता...

मौसम का स्वभाव है परिवर्तित होते रहना... लेकिन उसकी जिंदगी का मौसम अपरिवर्तनीय रहा... वसंत छाया रहा लगातार... लगातार, जबकि उसके आगमन के बाद धरती पचहत्तर वसंत देख चुकी थी... वसंत की मादकता से मस्त वह तब भी अकेली रही... अकेली, मगर तन्हा नहीं... क्योंकि वह खुद में पूर्ण थी... भरी-भरी... लबालब... किसी और को कोई जगह दी ही नहीं... अपना खाना तक खुद ही बनाया... घर में किसी को झांकने तक नहीं दिया... लेकिन किसी ने उसे घमंडी नहीं कहा... यह भी नहीं कहा कि बुढ़िया सठिया गई है...

एक दिन अचानक वह अपना सिंहासन खाली कर गई... खुशी-खुशी मर्त्यलोक को अलविदा कह गई... पलायन नहीं किया... विदाई ली... लोग आए... घर को खूब टटोला... बुहारा... खंगाला...

उसकी अर्थी तैयार करते रहे... और नजरें घर के कोने-कोने पर लगाए रहे...

औरतों ने पार्थिव शरीर को नहलाया... अर्थी पर लिटाया... और राम नाम सत्य है के साथ श्मशान ले गए...

उसकी अर्थी से भी हर शव की तरह ही धुआं उठा... आग की लपटें निकली... शोले लपलपाए... धुएं से आसमान काला पड़ा... फिर भी लोगों ने कहा, सचमुच वह जन्म से ही अद्‌भुत थी... लड़कों संग घूमी... अठखेली की... पूरे गांव वालों को आंखें तरेरी... दुनिया भर की तफरीह पर निकली... फिर लौट कर अपने बथान पर आई... लेकिन उसके बारे में किसी ने कुछ नहीं सुना... कोई संग-कुसंग की खबर नहीं मालूम हुई... किसी जायज-नाजायज संबंध की बू नहीं मिली... कोई अफवाह तक नहीं... वह आग ही तो थी... तब भी फूस के साथ रहते हुए कुछ भभका नहीं... कुछ जला नहीं... कुछ महका नहीं... आखिर यह

कैसे संभव हुआ... क्या यह राम नाम सत्य है की तरह सत्य नहीं... क्या वह मानव नहीं थी... या मानव जन्म में कोई और...

दसों दिशाओं से शोर उठा- यह कैसे संभव हुआ... यह कैसे संभव हुआ... शोर जलती अर्थी की लपटों के साथ उठता चला गया...

किसी ने अचानक कहा- कैसे मैनेज करती थी वह!

आग की लपटों और लपलपाते शोलों की तरह उस दिन से यह खबर पूरी दुनिया में फैलती जा रही है- कैसे मैनेज करती थी वह...

उसका हाड़-मांस का शरीर अस्थि कलश से निकल कर गंगा में प्रवाहित हो चुका है और इस राख के साथ, 'कैसे मैनेज करती थी वह' भी दिक्-दिगंत की यात्रा पर निकल चुकी है।

# कबीर का मोहल्ला

बचाओ... बचाओ... बचाओ... कोई तो दरवाजा खोलो... एक कारुणिक आवाज के साथ गली की दोनों तरफ के कई दरवाजों पर कुछ-कुछ पलों के अंतर पर दस्तक हुई। यह दस्तक गहरी स्याह रात के सन्नाटे में लोगों के दिमाग में हथौड़े की तरह घम-घम पड़ रहा था... बेतहाशा भागते इस पदचाप में किसी चीत्कार या ट्रेन की व्हिसिल से भी ज्यादा वेधकता थी। 20000 किलोहर्ट्ज से ज्यादा की वेधकता... लोग बहरा हो जाना चाह रहे थे... सबने अपने कान बंद कर लिये... फिर भी यह आवाज उनके मनो-मस्तिष्क पर ठक-ठक कर रही थी... जैसे खोद डालना चाहती हो सुन्न पड़े दिमाग को... बैकग्राउंड से किसी हॉरर म्यूजिक की तरह गाय की चीख भी दहशत पैदा कर रही थी... उस रंभाहट में इतना दर्द था कि जिसे सुनाई पड़ा, उसी का मुंह कलेजे को आ गया...

x x x

सुबह के चार बज रहे थे, भोर की धुंधली रोशनी ने भी बादलों की वजह से तौबा कर रखी थी। मेघाच्छन्न बिस्तर पर सोई सुबह ने घनघोर अंधेरे का साम्राज्य कायम कर दिया था। तेज आंधी की वजह से बिजली गुल थी। इस वजह से स्ट्रीट लाइटें भी हड़ताल पर चली गई थीं। घुप्प अंधेरे के आगोश में सोये इलाके को गाय की रंभाहट ने जगा तो दिया था, लेकिन उस रंभाहट के साथ बचाओ-बचाओ की चीख और झींगुर की घुर्रर-घुर्रर मिलकर उस सुरमई सुबह को रहस्यमयी भयावहता भी प्रदान कर रहे थे। गली की दोनों तरफ के अलसाये लोगों के हाथ घबराकर स्वतः ही बिजली के खटके तक जा पहुंचे थे।

खट... खट... खट... सड़क की दोनों तरफ की मकानों में हुई, लेकिन रूठा उजाला नहीं आया। लोगों के मुंह से स्वतः निकला- ओह! बिजली भी नहीं है...!

लोग अपनी-अपनी छतों की तरफ भागे... मधुमक्खियों की तेज भनभनाहट, किसी आदमी और गाय की दूर होती जा रही चीख की आवाज ज्यादा स्पष्ट हो गई थी। पूरे वातावरण को खौफनाक बनाने के लिए गहन अंधकार के साथ बारिश की टिप-टिप और झींगुर की घुर्रर्र-घुर्रर्र तो थे ही। छत पर चढ़े लोगों ने टोह लेने की काफी कोशिश की, लेकिन उन प्रयासों के आड़े कालिमा आ गई।

एक सशंकित स्वर में बड़बड़ाया- मधुमक्खियां क्यों भनभना रही हैं?

बगल वाली छत से किसी ने डपटते हुए कहा- तुम्हें गाय की चीख नहीं सुनाई पड़ रही, सड़क के उस पार के मियंडी गाय को जबह कर रहे हैं, लेकिन तुम्हें सिर्फ मधुमक्खियों के भनभनाने की ही आवाज सुनाई पड़ रही है। वाह! भई वाह! हमारे ही कौम में ऐसे बहरे लोग पड़े हैं- मरना तो निश्चित है।

यह सुनते ही कई बाजुएं फड़की। अंधेरे में भी कई आंखें अचानक सुलग उठीं और पहले वाले आदमी को घूरने लगीं। वह जलती आंखों का सामना करने का ताब नहीं ला पाया। हड़बड़ाकर उसने मुंह फेर लिया... वह पूरी तरह गड़बड़ा गया था... मेरा मतलब... मेरा मतलब...

चुप मेरा मतलब... तेरा मतलब... कोई मतलब नहीं... मियवन ने हमला बोल दिया है। किसी हिन्दू और उसकी गाय को उठाकर ले गए हैं... और उसे मार रहे हैं... देखा नहीं वह बेचारा कैसे अपनी जान की गुहार लगा रहा है। वो मलेच्छ साले तो सुधरेंगे नहीं, लेकिन हम भी कम हैं क्या? वे आकर हमारे घर में मूत कर भी चले जाएंगे, तब भी हम अपना पिछवाड़ा खोल कर उनके सामने बिछे रहेंगे... हम तो सहिष्णु लोग हैं न... उदार हृदय...।

इस बात पर गड़बड़ाए से आदमी को अपनी बहादुरी दिखाने का मौका मिल गया था। जोश में आकर बोला- देखें, किस माई के लाल में इतनी हिम्मत है। अभी बाहर जाकर उन सालों को औकात बताते हैं... पता तो चले उन्हें कि हमने भी चूड़ियां नहीं पहन रखी है।

उन्हीं में से एक बुजुर्ग ने कहा- चुपचाप से यहीं पड़े रहो। मौत की मुंह में कूदना बहादुरी नहीं, मूर्खता होती है। वो स्साले एक मारेंगे, तो हम चार मारेंगे... फिलहाल खामोश रहो... घर के अंदर ही बैठे रहो... ये उनकी चाल भी हो सकती है, हमें बाहर निकालने की... वे हमारी ही घात में बाहर बैठे होंगे... जैसे ही दरवाजा खोलोगे, तुम्हारा भी काम तमाम। धीरज धरो, मौके का इंतजार करो... मौका हमें भी मिलेगा... जैसे ही मौका मिले दबोच लो। बहुत देर तक छत पर रहने की भी जरूरत नहीं है। सब अंदर चलकर चुपचाप तैयारियां करो।

x x x

सड़क की दूसरी तरफ का भी माजरा कुछ अलग नहीं था। बच्चों और औरतों को घर के भीतर ही रहने की हिदायत देकर मर्द छत पर जा चढ़े और अंदाजा लगाने की कोशिश में थे कि मामला क्या है। घर की एक औरत, जिसका पति छह महीने पहले ही दंगे में मारा गया था, हदस के मारे उसकी हालत खराब थी। वह बार-बार हाजत महसूस कर रही थी और वॉशरूम की तरफ भाग रही थी, बाहर आते ही उसके पेट में ऐंठन होने लगती और वापस वॉशरूम में घुस जाती। डर से उसके पांव-थरथरा रहे थे। आंखें लाल और चेहरा सफेद पड़ा हुआ था।

छत पर चढ़े लोग अंधेरे में तीर मारने की कोशिश में थे, तभी बचाओ-बचाओ की आवाज गली के कोने की तरफ से आई, जहां से आगे कोई रास्ता जाता नहीं था। वहां पर कोई 10 फीट गहरा और पांच-छह फीट चौड़ा नाला था, जिसे टपना किसी के लिए भी नामुमकिन था। वे लोग कुछ सोचते इससे पहले ही फिर बचाओ-बचाओ की आवाज सुनाई पड़ी, लगा किसी का कलेजा निकाला जा रहा हो... फिर गाय के डकारने की बेहद तकलीफदेह रंभाहट फिजा में जोर से गूंजी... फिर तेज धम-धम धड़ाक... धरती कांपी... साथ ही आह... बचाओ की जोरों की चीख एक बार फिर उभरी... आवाज थरथराई और सब कुछ शांत... मरघट जैसी शांति।

एक ने कहा, बम! बम की आवाज है यह। लगता है बारिश की वजह से ज्यादा नुकसान नहीं कर पाई। फुस्स हो गई! ओले भी पड़े हैं... बाहर निकल कर देखना चाहिए। मामला क्या है। कहीं कोई आदमी न फंसा हो अपना, इन काफिरों के चक्कर में। दूसरा बोला- इन काफिरों का कोई भरोसा नहीं... मुझे तो शक है कि ये उनकी कोई चाल है। बाहर भयानक दंगा फैल चुका है। खामोशी के साथ अंदर चलो। वे हमें ट्रैप करने की कोशिश कर रहे हैं। छत पर रहना खतरनाक हो सकता है।

एक बोला- वे साले हमारे आदमियों को घर से निकाल-निकाल कर मार रहे हैं और हम घर में बैठकर अपनी-अपनी बीवियों की आरती उतारें... बात-बात पर वे हमें आतंकवादी, पाकिस्तानी हमदर्द करार देते हैं। हमेशा शक की निगाह से देखते हैं। इनका कोई ईमान-धरम तो है नहीं, न कोई भरोसा... पता नहीं किस मुसलमान को रेत दिया होगा। बड़े हमदर्द बने हो उनके। तुम्हारे ...... में ढेर खुजली हो रही है तो जाओ और खोल कर मिटवा लो खुजली। तुम जैसे जयचंदों की वजह से ही हमारा यह हाल हुआ पड़ा है।

दूसरा बोला- मरने का शौक है तो जाओ। मैं कह रहा हूं कि ये उनकी बिछाई जाल है, तो बात समझ में ही नहीं आ रही। चुपचाप पड़े रहो। अभी मामला खत्म नहीं हुआ। अभी तो शुरुआत है। मेढक की तरह उछल रहे हैं स्साले। उछलने दो... हमें भी मौका मिलेगा, जब मिलेगा तो सूद समेत वसूल लेंगे। सुबह होने दो... एक-एक को काट डालेंगे, लेकिन अभी बहुत फुदकने की जरूरत नहीं... खामोश रहने का वक्त है। देखते नहीं, पूरी तैयारी के साथ हैं वे लोग... बम-बारूद और तमाम तरह के असलहे से लैस... अगर अभी बाहर निकले तो अंधेरे का फायदा उठाकर वे हमें चुन-चुनकर मारेंगे। मैं कह रहा हूं कि वे हमें ट्रैप कर रहे हैं तो तुम्हारी समझ में बात क्यों नहीं आती। मेरी मानों तो चुपचाप अपने-अपने घरों में जाओ... तैयारी पुख्ता करो... यहां ज्यादा देर रहे, तो उन्हें ये अंदाजा हो जाएगा कि घर के सारे मर्द छत पर हैं। अगर उन्हें इसका जरा-सा भी भान हुआ तो वे नीचे हमारे घरों पर हमला बोल देंगे...

सब कमरे की तरफ भागे। दोनों तरफ लाठी, भाला, तलवार, त्रिशूल, बम-बारूद, बंदूक, कट्टा आदि जो कुछ भी था घर में, इकट्ठा किया जाने लगा। फिजा में नारे तकबीर अल्लाहो अकबर और हर-हर महादेव की आवाजें गूंजने लगी।

गली की दोनों तरफ से उठने वाली ये ध्वनियां आपस में टकरा कर अजीब-सी प्रतिध्वनि पैदा कर रही थीं। माहौल में दहशत गहराता जा रहा था। इस अंधेरे में भी यह महसूसना मुश्किल नहीं था कि सबका चेहरा जर्द पड़ा हुआ है।

पता नहीं अब क्या होगा!

x x x

मैं शहर का नाम छोड़ देता हूं, लेकिन मोहल्ले का नाम आपको बता दूं, यह है कबीरगंज मोहल्ला। यह बताता चलूं कि यह जैसा मोहल्ला है, वैसा मोहल्ला गंगा-जमुनी तहजीब वाले वतन के कई शहरों में आपको देखने को मिल जाएंगे। कोई अजूबा नहीं है ये मोहल्ला। इस मोहल्ले में गली की एक तरफ के अधिकतर मकान हिन्दुओं के और दूसरी तरफ मुसलमानों के हैं। आप जानते ही हैं, ऐसे मोहल्ले जहां हिन्दू-मुस्लिम दोनों की आबादी लगभग बराबरी पर हो, तो सिर्फ वह मोहल्ला ही क्यों, आस-पास का इलाका भी संवेदनशील हो जाता है। इसलिए सरकार ने इस मोहल्ले को संवेदनशील घोषित कर रखा है। और जहां संवेदना से भरपूर (संवेदनशील) इतने लोग रहते हों, जाहिर है, वहां तनाव भी होगा ही। सिर्फ माहौल में ही क्यों? वहां का जर्रा-जर्रा तनाव से चमकता है और शरर भरे ये जर्रे उड़-उड़कर किसी न किसी के माथे से जा चिपकते हैं, जिसकी गवाही यहां

के ज्यादातर लोगों के माथों पर पड़ी शिकन में देखी जा सकती है। चार-पांच साल में यहां दंगे हो ही जाते हैं... और इन शरारों की वजह से माथे पर पड़ी परेशानकुन सिकुड़न... वह, वह तो हमेशा बनी ही रहती हैं।

x x x

कमाल की बात यह है कि तमाम तनावों के बाद भी गली के दोनों तरफ के बीच रिश्ते की डोर भी उतनी ही मजबूत और यकीनी है, जितना कांटों के साथ गुलाब का होना। सड़क के इस पार के लोगों के रिश्ते सड़क के उस पार के लोगों से दादा-दादी, चाचा-चाची, मौसा-मौसी, ताया-तायी, भाई-बहन आदि के हैं। वह भी बेहद आत्मीय... इतने आत्मीय कि ये दोनों बड़े प्यार से दिवाली-शबेबरात, होली-ईद उल फितर, दशहरा-ईद उल अजहा आदि पर्व-त्योहार बड़े इत्तेहाद औ एकता के साथ मनाते हैं। साथ मिलकर होली के रंग में डूबते हैं, छक कर मालपुआ उड़ाते हैं। विरहा-जोगीरा तो पूरे फाल्गुन चलता रहता है। रमजान में सेहरी के वक्त जगाने के लिए दोनों साथ मिलकर काफिला निकालते हैं और ईद में एक-दूसरे से गले मिलना तो नहीं ही भूलते, सेवइयों के साथ मटन-पुलाव भी छक कर उड़ाते हैं। दशहरे में जागरण और रामलीला का आयोजन करते हैं, दिवाली-शबेबारात में एक साथ दीप जलाते और पटाखे फोड़ते हैं। दोनों तरफ के लोग मिलकर कमिटी बनाते हैं, चंदा उगाही पर निकलते हैं और तरह-तरह के आयोजन करते-करवाते हैं। दोनों तरफ के कलाकार रामलीला, काफिला मुकाबला, देवी जागरण आदि में ऐसे भाग लेते हैं कि यह बताना मुश्किल है कि कौन, कौन है। उस दरमियान सड़क की दोनों तरफ कहीं कोई फर्क नहीं दिखता। एक-दूसरे के घर उनका रोज का आना-जाना रहता है और हर किसी के सुख-दुख में पूरे प्रेम एवम खलूश के साथ शामिल होते हैं। अगर किसी की बेटी बियाही जा रही हो, तो एक टांग पर खड़े रहते हैं, लेकिन वहां का पानी तक नहीं पीते। रुपये-पैसे से भी एक-दूसरे की मदद को हमेशा तैयार रहते हैं।

x x x

ये इतने फराख दिल लोग हैं कि खुशी के हर मौके पर भिखारी को भी शामिल करते हैं, खास कर उस भिखारी को जो गली के मोड़ पर नीम के नीचे बैठा रहता है। बैठा क्या रहता है, उसने तो वहीं अपना आशियाना भी बना लिया है। पेड़ के सहारे ही एक फूस की छप्पर डाल ली है और रात में वहीं सो भी जाता है। ये कोई आज की बात नहीं है, बरसों से वह वहीं रह रहा है। करीब दो-तीन दशक पहले जब वह बहुत छोटा था, तब पता नहीं कहां से बवंडरियाता यहां

चला आया था। मोहल्ले के ही एक आदमी ने उसे सड़कों की धूल फांकते देखा तो उसे अपने घर ले आया और खाना खिलाया। उससे उसके माता-पिता का नाम, घर का पता आदि पूछा, तो वह कुछ बता नहीं पाया। बताते हैं कि जब उसने उस अजनबी बच्चे से उसका नाम पूछा, तो तोतली भाषा में उसने पता नहीं क्या कहा, ये न उनके समझ में आया और न मोहल्ले के और किसी को। लेकिन जनाब कुछ न कुछ तो कहना ही पड़ेगा... तो ऐसे बच्चों को जिस नाम से पुकारा जाता है, मोहल्ले वालों ने उसे उस नाम से पुकारना शुरू कर दिया। जी हां, ठीक समझ रहे हैं आप छोटू! इसके बाद थाने में उसकी सूचना दे दी गई। महीनों बीत गए, लेकिन वह कौन है, कहां से आया है, उसका जात-धर्म क्या है कुछ भी नहीं पता चला। मोहल्ले वालों के बार-बार पूछताछ करने से आजिज पुलिस ने उसे यतीमखाने भेजने का निर्णय कर लिया। इस एक महीने में छोटू कभी सड़क के इस पार, तो कभी उस पार के किसी के घर में रूक जाता था। इस एक महीने में मोहल्ले वालों को उससे बेहद लगाव हो गया था। साथ में वह उनके घरों के छोटे-मोटे काम भी कर देता था। इसलिए पुलिस को उसे ले जाने नहीं दिया। तब से वह अलग-अलग दिन अलग-अलग परिवार के साथ रहने लगा। कुछ सालों तक यह सिलसिला मुसलसल चला। जब वह थोड़ा बड़ा हुआ तो मोहल्ले वालों ने ही नीम के पेड़ के नीचे उसके रहने की व्यवस्था कर दी। उसके फूस के छप्पर के ऊपर ही मोहल्ले के नाम का बैनर भी लगा दिया- कबीरगंज।

मोहल्ले में आने वालों आगंतुक बैनर पर मोहल्ले का नाम पढ़ते और उससे मोहल्ले के किसी व्यक्ति का या और कहीं का जब पता पूछते, तो उसे भी उसी तर्ज पर कबीर कह देते, जैसे रिक्शा चलाने वाला अच्छा-भला आदमी रिक्शा बन जाता है।

...तो ऐ रिक्शा... के तर्ज पर वह ऐ कबीर... बन गया। मोहल्ले वालों के जुबान पर भी भी धीरे-धीरे उसका यही नाम कबीर चढ़ गया और उसे कबीर ही कहना शुरू कर दिया। अब तो वह भी भूल चुका था कि उसका असली नाम क्या है या मोहल्ले वाले उसे शुरू में क्या कहते थे। भूले-भटके कोई बूढ़ा-पुराना उसे छोटू कह भी देता तो वह समझ ही नहीं पाता कि उसे ही संबोधित किया जा रहा है। इस तरह कई सालों के लंबे वक्फे में उसका नामकरण संस्कार पूरा हुआ।

किस जात-मजहब का है, यह तो उसे तब भी नहीं पता था, जब यहां आया था और अब भी नामालूम और वह जानना भी नहीं चाहता था, क्योंकि धर्म

सीधे-सीधे उसके कर्म के मार्ग में बाधा बन रहा था। हां, तो यह भी बता ही दूं कि उसका कर्म क्या था? वह कबीर की तरह कपड़े नहीं बुनता था, वह तो भिक्षाटन के जरिये अपना गुजर-बसर कर रहा था... और उसके कई दफ्तर थे- मुख्य दफ्तरों में थे इबादतगाहों के बुलंद दरवाजे... और उसका मानना था कि अगर वह किसी धर्म को मानने लगेगा तो निर्भय होकर फिर वह किसी भी धर्मस्थल के बाहर खड़ा नहीं हो सकेगा, साथ ही उसकी भिक्षा कम हो जाएगी। फिलहाल वह जिस स्टेट्स में है, उसमें वह आराम से मस्जिद के बाहर पांचों वक्त के नमाज के समय जाकर खड़ा हो जाता और अल्लाह के नाम पर पैसे-वैसे मांग-चांग लेता। और आरती के वक्त मंदिर के बाहर खड़े होकर भगवान के नाम पर सदा भी लगा लेता... गुरुद्वारे और चर्च के सामने भी वह जाकर खड़ा हो जाता। शायद यही वजह थी कि वह गली की दोनों तरफ का दुलारा था।

मोहल्ले वालों के लिए वह सुख-समृद्धि लेकर आया था। ये सच है कि नहीं, ये तो विवाद का विषय है, लेकिन एक बात पक्की है कि वह उनके लिए चमत्कारी सिद्ध हुआ था। उसके आने के बाद से मोहल्ले में चोरी-चकारी की घटनाओं में अप्रत्याशित रूप से कमी आई थी। वैसे इसका कारण शायद चमत्कार नहीं था, बल्कि यह था कि मोहल्ले के सीवान पर ही उसका आसन था, जहां वह रात में सोता था और मोहल्ले की दूसरी तरफ इतना चौड़ा और गहरा नाला था, जिसे पार करना किसी व्यक्ति के लिए तो कम से कम संभव नहीं था। लेकिन मोहल्ले वाले इस बात को उसका चमत्कार ही मानते थे। वह मानते थे कि एक बेआसरे को हमने आसरा दिया है, इसलिए यह भगवत कृपा हम पर हुई है।

x x x

चार-पांच साल बीतते-बीतते इसी प्यारे से मोहल्ले में एक दिन सुबह-सुबह जब लोग सोकर उठते तो चाय की प्याली के साथ उन्हें यह भी पता चलता कि तूफान आया हुआ है। वह भी ऐसा तूफान जिसकी तीव्रता किसी भी स्केल पर नापना मुश्किल हो जाता था। फलां हिन्दू या मुसलमान की (वह लाश आदमी की नहीं होती थी) लाश ढेकां सड़क पर मिली है। इसके बाद शुरू होती बतंगड़बाजी... फलां काफिर ने एक मुसलमान लड़के को मार दिया या ढेका मियां ने किसी हिन्दू का बड़ी बेदर्दी से कत्ल कर दिया। और अक्सरहां यह देखा जाता कि वह समय चुनाव के पहले का होता। मीडिया में तो इसे कभी-कभी आतंकी हमले का अंदेशा भी करार दिया जाता। इसके बाद अचानक से वहां के माहौल में तनातनी पैदा हो जाती। और वही लोग, जिनमें बेइन्तहा मिल्लत थी, एक-दूसरे से डरे-डरे, सहमे-सहमे से रहने लगते। उनकी शक की जद में हर कोई होता। कोई

भी नहीं बचता। हां, अगर कोई अपवाद था तो वह कबीर था। ऐसे हालात में भी मोहल्ले के दोनों तरफ उसकी आमद-रफ्त बनी रहती। ऐसा शायद इसलिए था, क्योंकि उसके कर्मयोग ने उसे बचा रखा था।

x x x

...तो उस रात भी कुछ ऐसा ही माहौल बन गया था। अंधेरा छंटने का नाम ही नहीं ले रहा था। आसमान पर छाये बादलों ने रोशनी का रास्ता चाक कर रखा था। हर-हर महादेव और अल्लाहो अकबर के नारे से पूरा इलाका गुंजायमान था। लेकिन काली रात चाहे कितनी भी लंबी हो, सुब्ह का उजाला तो फैलता ही है। और हुआ भी ऐसा ही, उजाले के खिलाफ कालिमा और बादलों की लाख कोशिशों के बावजूद अंधेरा छंटा। रोशनी की किरणें फूटीं... अब अल्लाहो अकबर और हर-हर महादेव की आवाज में एक और आवाज शामिल हो गई। इस आवाज से भी मोहल्ले के लोग अनजान नहीं थे। यह आवाज पुलिस जीप के सायरन की थी।

एक बार फिर लोग सशंकित हो उठे। दोनों तरफ कानाफूसी होने लगी। कानाफूसियों में दोनों तरफ के लोग अपने से दूसरी तरफ वालों को जिम्मेदार ठहराने लगे।

हमें तो पहले से ही पता था कि मामला संगीन है। जिस बात का डर था, वही हुआ न। लगता है दंगा भयानक रूप में फैल गया है। पुलिस भी आ पहुंची। पुलिस को तो कोई लेना-देना है नहीं। दंगा रोकने का तो उसके पास एक ही उपाय है- कर्फ्यू, बस कर्फ्यू लगा देगी वह। यह बात तो इन्हें जरा भी समझ में नहीं आती कि इससे कितनी परेशानी होती है। घर में बूढ़े-बुजुर्ग, बीमार हर तरह के लोग रहते हैं। वह मरेंगे। या अल्लाह अब क्या होगा... आवाज की उस गहमा-गहमी में एक बूढ़े की आवाज सुनाई दी, जिसका बीमार जवान बेटा पिछली बार की चार दिन की कर्फ्यू में अस्पताल नहीं जा सका था। उसे क्या बीमारी थी यह भी नहीं पता चल सका, लेकिन इलाज के अभाव में वह मर जरूर गया। बूढ़े मां-बाप, जिनका कोई दूसरा सहारा नहीं था, उनके अनुसार उसे तीन-चार दिनों से सिर्फ तेज बुखार था। उनके आंखों के सामने वह मंजर घूमने लगा था... पुलिस की जीप देखते ही उस बूढ़े के मुंह से गों... गों... की आवाज निकलने लगी। वह अपनी रूलाई रोकने की भरसक कोशिश कर रहा था।

एक घर से यह आवाज आ रही थी, हे भगवान अब क्या होगा... फिर ये मुआं कर्फ्यू... पिछली बार की कर्फ्यू के वे लंबे दिन उनके जेहन में ताजा हो आये थे... दो दिन का रसद तो था घर में, उसके बाद के दो दिन किसी तरह

पानी पर गुजारा, लेकिन 80 साल की वह बूढ़ी अम्मा... वह... वह... वह तो भूख बरदाश्त नहीं कर पाई थीं... उनकी सोच भी लरज रही थी। डॉक्टरों ने इस बात की तस्दीक की थी कि इनकी मौत भूख की वजह से हुई है। शायद उस परिवार के सबके मस्तिष्क में यह बात गूंज गई थी... सबके आंखों से झर-झर आंसू बहने लगे थे।

दोनों तरफ हर घर में लगभग कुछ ऐसी ही बातें चल रही थी। हे भगवान, आज ही हमारा इंटरव्यू है। कितनी जगह धक्के खाने पड़े हैं नौकरी के लिए। आज पहली बार लिखित परीक्षा पास कर एक कंपनी में साक्षात्कार तक पहुंचा हूं। अब क्या होगा। मां को कितनी आशा थी मेरी इस नौकरी से। वह कब तक दूसरों के घर में चूल्हा-बरतन करती रहेगी।

किसी को पिताजी के ओपेन हर्ट की सर्जरी करवानी थी। जितनी मुंह उतनी समस्याएं... रात को एक-दूसरे को समूल नाश कर देने वालों के सामने अब यह ससुरी कर्फ्यू सबसे बड़ी चिंता बनकर खड़ी थी।

किसी घर से यह आवाज आ रही थी कि अभी तो कहीं चुनाव-वुनाव भी नहीं है। अचानक से ऐसा कैसे हो गया। हमने तो पहले से तैयारी भी नहीं कर रखी है। इस बार अगर दो-तीन दिन भी कर्फ्यू चला तो हम सब भूखे मर जाएंगे।

x x x

यानी पूरे भारत की तरह वहां के लोगों में भी समझदारी की कमी नहीं थी। देश के अच्छे नागरिक की तरह वह भी इस बात को अच्छी तरह जानते थे कि दंगे क्यों भड़काये जाते हैं, लेकिन इसके बावजूद वह भी हमारे देश के होनहारों की तरह उस दंगे में शामिल होते थे और दोनों तरफ के लोग एक-दूसरे को देख लेने की धमकी के अलावा मार-काट डालने से भी नहीं हिचकते थे। बाद में जब दंगा खत्म होता तो एक-दो महीने तो एक-दूसरे से बात भी नहीं करते उसके बाद अमन-एकता कमिटी की बैठक होती। एक-दूसरे से अपने-अपने संप्रदाय द्वारा किये गए जुल्म की माफी मांगते और फिर जनजीवन सामान्य हो जाता। जैसे कभी कुछ हुआ ही न हो।

x x x

सायरन की आवाज अब गली में सुनाई पड़ने लगी थी। पुलिस के आने से लोगों में भी हिम्मत आ गई थी। दोनों तरफ के लोग दरवाजा खोल कर बाहर निकले। पुलिस की जीप नाले के पास जाकर रुक गई थी। पुलिस नाले में से किसी को निकालने में लगी थी। सड़क के दोनों तरफ के लोगों का दिल जानी-पहचानी

आशंका से धड़क उठा। लाश! किसी को मारकर फेंक दिया गया है नाले में। पता नहीं कितने लोगों को...??? सड़क के किस पार के लोग मारे गए हैं...??? या दोनों तरफ के...??? पता नहीं कितनी लाशें...??? हाय रब्बा, हे भगवान, अब क्या होगा...???

दोनों तरफ के लोग गुस्से में आस्तीन चढ़ाते और बाजुएं फड़काते आंखों ही आंखों में एक-दूसरे को देख लेने की चुनौती देते पुलिस जीप की तरफ भागे... जिसके मुंह में जो-जो गालियां आ रही थीं, दम भर कर दूसरी तरफ वाले को दे रहे थे। आस्तीन-चढ़ाते, बाजू फड़काते जब तक वे वहां पहुंचे, तब तक पुलिस एक लाश बाहर निकाल चुकी थी। लाश की हालत बहुत बुरी थी। चेहरा फूला हुआ था। पूरे चेहरे पर किसी कीड़े के काटने की वजह से घाव बने हुए थे। पेट में एक गहरा सुराख था। पेट के चारों तरफ खून की पपड़ियां जमी हुई थी। कुछ जगह से अब भी खून बह रहा था। बारिश की वजह से खून पूरी तरह सूख नहीं पाया था।

अचानक दोनों तरफ के लोगों की आंखें फैल गई- कबीऽऽऽर!!! इसके बाद लोग लड़ना भूल गए, तेजी से लाश की तरफ लपके... एक साथ कई लोगों ने पूछा क्या हुआ कबीर को?

पुलिस ने उल्टे पूछा- पहले यह बताइए कि यहां कहीं मधुमक्खी का छत्ता है क्या?

लोगों ने बताया- हां, कबीर जिस पेड़ के नीचे सोता था। उसी पेड़ पर मधुमक्खियों ने हाल ही में अपना खोता बनाया था।

तब तक पुलिस के जवानों ने नाले से मधुमक्खियों से पूरी तरह भंभोड़ा गया एक और लाश निकाला। वह वहीं के एक आवारा सांढ़ की लाश थी।

पुलिस लाश का पंचनामा कर इंवेस्टिगेशन रिपोर्ट तैयार करने में जुटी थी। रिपोर्ट के अनुसार, कबीर जिस पेड़ के नीचे सोता था। उसी पेड़ पर लगा मधुमक्खियों का खोता किसी वजह से उजड़ गया था, (संभवतः ओले पड़ने की वजह से) जिस वजह से मधुमक्खियां काफी गुस्से में थीं और सामने उन्हें जो भी नजर आया, उसे ही अपना घर उजाड़ने का जिम्मेदार समझ लिया और अपने बेघर होने का गुस्सा, जो सामने मिला उसे भंभोड़ कर निकाला।

बारिश से बचने के लिए उसी पेड़ के नीचे यह सांढ़ कहीं से आकर खड़ा हो गया था। सांढ़ और कबीर दोनों ने पेड़ के नीचे शरण ले रखी थी और दोनों के बीच एक अबोली संधि हो गई थी, लेकिन मधुमक्खियों को यह संधि रास नहीं आई और उन्होंने कबीर और सांढ़ दोनों पर हमला बोल दिया। मधुमक्खियों

के भंभोड़ने के कारण ये दोनों तेजी से भागे। तेज बारिश और बर्फ पड़ने की वजह से एक तो सांढ़ को न कुछ सूझ रहा था, न दिख रहा था, दूसरे रास्ता भी काफी फिसलन भरा हो गया था। वह उसी दिशा में भागा, जिधर कबीर को भागते देखा। कबीर नाले की तरफ इस उम्मीद में भागा कि उसके लिए तो कोई भी घर खुल जाएगा। मोहल्ले के सारे घर इधर ही थे। और सांढ़ कबीर के पीछे शायद इसलिए भागा कि उसे लगा कि कबीर अगर इधर जा रहा है तो जिंदगी भी इधर ही है। कबीर ने लोगों से दरवाजा खुलवाने की पुरजोर कोशिश की, लेकिन किसी ने दरवाजा नहीं खोला, तभी पीछे से मूड़ी झांटते आ रहे सांढ़ से वह जा टकराया। वह सांढ़ से बचने के लिए एक बार फिर जोर लगा कर भागा और जब जान बचाने के लिए कोई रास्ता नहीं सूझा, तो सांढ़ से बचने के लिए नाले में कूद गया, लेकिन उसकी बदकिस्मती कि सांढ़ भी अपनी तेजी में खुद को संभाल नहीं पाया और वह भी नाले में जा गिरा.... कबीर के ठीक ऊपर... उसका सींग कबीर के पेट में जा घुसा और उसकी मौत हो गई। पुलिस रिपोर्ट के अनुसार, भारी-भरकम सांढ़ की मौत भी इतनी ऊपर से गिरने से और मधुमक्खियों के काटने की वजह से ही हुई थी।

लाश का पंचनामा कर इंवेस्टिवेशन रिपोर्ट तैयार करने के बाद पुलिस ने लोगों से पूछा कि इसका कोई अपना है, जो अंतिम संस्कार कर सके। दोनों तरफ के लोग आगे आ गए... हां, हम करेंगे इसका अंतिम संस्कार... पूरा मोहल्ला है इसका... इसके बाद दोनों तरफ के लोगों में एक बार फिर कमान खींच गई कि शव को दफनाया जाए या लाश को जलाया जाए... दोनों तरफ के लोग एक बार फिर से बाहें फड़काने लगे थे, लेकिन आज कबीर की लाश फूलों में तब्दील नहीं हुई।

## उत्तर कथा

### एक घंटे बाद

- कुछ सोशल साइट्स पर इस घटना के वीडियोज वाइरल हो चुके थे। इन वीडियोज में दिखाया जा रहा था कि कैसे मुसलमानों ने एक गाय की हत्या कर दी।

- कुछ सोशल साइट्स पर यह वीडियो भी चल रहा था कि एक हिन्दू जबरदस्ती एक मुसलमान लड़के को सुअर का मांस (वैसे इस घटना में सुअर कहीं नहीं है, वह सिर्फ आभासी दुनिया में ही था) खिला रहा था। उसने मना किया तो उन लोगों ने उसके साथ बुरी तरह मारपीट की। इतना कि वह मर गया।

- किसी ने इन वीडियोज की जांच नहीं की। यहां तक की पुलिस की साइबर क्राइम सेल ने भी ये जानने की कोशिश नहीं की कि ये वीडियोज असली हैं या नकली। सोशल साइट्स पर माल्थस की जनसंख्या सिद्धांत की तरह इसका प्रचार-प्रसार होता रहा, लेकिन कोई भी पुलिस की पकड़ में नहीं आया और न ही वीडियोज का सोशल साइट्स पर वाइरल होना रुका।

## दो घंटे बाद

देश के कई हिस्से में सोशल साइट्स पर चल रहे वीडियोज को देख कर सांप्रदायिक हिंसे भड़के। कई संगठनों ने एक-दूसरे समुदाय के लोगों को औकात बता देने की धमकी दी।

## चार घंटे बाद टीवी पर

आचर्यजनक किन्तु सत्य! अब हम आपको एक ऐसी खबर दिखाने जा रहे हैं, जिसे देखकर आपको यकीन नहीं होगा। आप विश्वास करना नहीं चाहेंगे, लेकिन इसका एक-एक शब्द सच है। एकदम सच्ची है यह खबर। देखिए मधुमक्खियों की एकता की ताकत! देखिए कैसे एक भारी-भरकम सांढ़ को मार गिराया- (कैमरा सांढ़ की लाश पर पैन होता है)। क्या आप यकीन करेंगे कि इतने बड़े सांढ़ को कुछ मधुमक्खियों ने मिल कर ढेर कर दिया। लेकिन ये सच है। ये घटना है कबीरगंज मोहल्ले की। आइए हम बात करते हैं मोहल्ले के लोगों से।

(फिर मोहल्ले के कुछ लोगों की बाइट। जिनमें वह इस दर्दनाक हादसे का बयान कर रहे हैं। पीछे में सांढ़ और कबीर की लाश नजर आ रही है।)

फिर एंकर बोलता है- पूरी खबर जानते हैं हम एक कमर्शियल ब्रेक के बाद।

प्रचार के बाद रिपोर्टर इस घटना का खुलासा कर रहा है : प्रकृति में कई ऐसी घटनाएं होती हैं, जिस पर हम मानव विश्वास नहीं करना चाहते, लेकिन ये सच होती हैं। देखिए कैसे छोटी-छोटी मधुमक्खियों ने इतने बड़े सांढ़ के साथ एक भिखारी (यहां यह बताता चलूं कि खबर के हिसाब से यह सिर्फ भिखारी है, आदमी नहीं) की जान ले ली। फिर रात की घटना का पूरा बखान- बीच-बीच में लोगों की बाइट। बैकग्राउंड में सांढ़ और कबीर की लाश।

## सोलह घंटे बाद

कई टीवी चैनलों ने प्राइम टाइम में इस दुर्घटना पर आधे-आधे घंटे का पैकेज बना डाला। एक-दो ने तो इस घटना के मनोवैज्ञानिक और सामाजिक और पर्यावरणीय पहलू पर बात करने के लिए चार-पांच विशेषज्ञों को भी बुला लिया।

## खबर 24 घंटे बाद

### अखबार में खबर

**फ्लैग : अजीबो-गरीब सत्य**

**हेडिंग : मधुमक्खियों के काटने से सांढ़ की मौत**

स्थानीय संस्करण के अखबार के लोकल पेज पर, राज्य के दूसरे संस्करणों में प्रादेशिक पन्ने पर और देश के अन्य हिस्से के अखबार में देश-विदेश के पन्ने पर। प्राइम टाइम में टीवी पर चले पैकेज से लगभग मिलती-जुलती खबर। ऐसा लगता था कि टीवी देख कर ही किसी रिपोर्टर ने यह खबर लिखी है। कई विदेशी अखबारों के इंटरनेशनल पन्ने पर भी इसी आशय की खबर।

## एक हफ्ते बाद

सात दिन बीत जाने के बावजूद देश के कई हिस्से में सांप्रदायिक तनाव बरकरार।

## एक साल बाद

कबीर की पुण्यतिथि पर मोहल्ले वालों ने एक बार फिर इस अहद को दोहराया कि वे हर समस्या का हल आपस में मिल-बैठ कर करेंगे। किसी के बहकावे में नहीं आएंगे। और कौमी एकता मंच के तहत 'कबीर कविगोष्ठी-सह-मुशायरे' का आयोजन किया।

# यात्रा

ट्रेन तेज रफ्तार से अपनी मंजिल की तरफ सरपट भागी जा रही थी। रात गहरा चुकी थी। तकरीबन बारह बज रहे थे। मैं सोने की तैयारी में लगा था। तभी ट्रेन की रफ्तार खरामा-खरामा धीमी होने लगी। ब्रेक की तेज चीख चींइइइइ.... चींइइइइ...... के साथ ट्रेन धम्म से रुक गई।

चाय गरम... गरम चाय... दस रुपये में पूरी-सब्जी... की आती आवाजों ने बताया कि गाड़ी किसी स्टेशन पर रुकी है। तंद्रीली अवस्था में ही खिड़की से बाहर झांका... दिन की महानगरीय जिंदगी को मात देती कूदती-फांदती दुनिया देखकर अंदाजा लगाया कि जरूर कोई बड़ा स्टेशन होगा... आंखें साइनबोर्ड को तलाशने लगी... आखिरकार उसे ढूंढ़ ही निकाला... बड़े-बड़े अक्षरों में लिखा था-लखनऊ। मेरी सीट साइड लोअर बर्थ थी। सामने मिडिल बर्थ पर बैठे भाई साहब मुझसे लगातार पूछे जा रहे थे... कौन सा स्टेशन है... कौन सा स्टेशन है...

गाड़ी रुकते ही कई लोग ट्रेन से उतरने के लिए धड़फड़ी मचाने लगे, तो कई गुना ज्यादा लोग चढ़ने के लिए... भीड़ बढ़ाने वालों में कई तो ऐसे थे, जिनकी यात्रा तो जारी थी, लेकिन सफर को आसान बनाने वाले साजो-सामान जुटाने के लिए प्लेटफॉर्म पर उतरने की कोशिश में लगे थे... किसी को खाना चाहिए था, किसी को पानी... कोई चिप्स, चाय कॉफी से जायका बदलने की तलाश में था...

जिनका रिजर्वेशन था, वह अपनी बोगी तलाशने के लिए तेजी से आगे-पीछे भाग रहे थे। कुछ लोग हमारी बोगी एस-12 में भी चढ़े थे।

अंदर-बाहर जिसे देखो वही जल्दी में था... कोई यात्रा आरंभ कर रहा था... किसी की मंजिल आ गई थी... कोई बीच सफर में था... एक साथ कई यात्राएं चल रही थीं... ट्रेन के बाहर हर कोई परेशानहाल था, तो अंदर अपनी मंजिल पर पहुंचने के लिए लोग बेचैन थे... बाहर आपाधापी मची थी, तो अंदर

भी कोलाहल कम नहीं था... तीसरे तल यानी मन के भीतर का शोरगुल खुद ही सुना जा सकता था... लेकिन उस तल पर भी हर किसी की यात्रा जारी थी, इससे कोई इनकार नहीं कर सकता था...

बाहर की गति पांवों से नापी जा रही थी... अंदर की रफ्तार ट्रेन की गति पर मुनहसर थी, जिसने नींद में गाफिल लोगों को भी चलायमान बना रखा था... जो जगे थे, वे भी खुमारी में थे... सिवाय मिडिल बर्थ वाले भाई साहब के, जिनकी अपनी एक अलग यात्रा थी... अंतर्यात्रा... वे बरेली से चढ़े थे और तभी से लगातार इस फानी दुनिया और जिंदगी से अलग एक अलौकिक आध्यात्मिक दुनिया के माने-मतलब समझा रहे थे... जिंदगी क्या है... इसी ट्रेन की मानिंद है... इस दुनिया में हम सब यात्रा करने आए हैं, लेकिन लोगों ने इसे ही मंजिल समझ लिया है... सारे ऐश-मौज यहीं कर लेने हैं... अंतिम सत्य मौत है... उसके बाद सबकुछ खत्म... लेकिन ये सच नहीं है भाइयों... सच यह है कि असली जिंदगी तो इसी प्रस्थान बिंदु से शुरू होती है... अपने कर्मों के हिसाब से लोग फिर जन्म लेते हैं... फिर... फिर... फिर... जबकि इसी जन्म और मृत्यु के बंधन से हमें निकलना है... मोक्ष... मुक्ति... एक अलौकिक दुनिया तुम्हारा इंतजार कर रही है... कहीं और... लेकिन नहीं, भला उसकी परवाह कौन करता है... हम इस क्षण-भंगुर जिंदगी और क्षणिक आनंद में ही मान लेते हैं कि सारे सुखों की प्राप्ति हो गई... ये तो उस सुख का क्षणांश भी नहीं, जो मोक्ष के बाद...

पता नहीं उनके फलसफे में क्या जादू था कि चंद घंटों में ही कंपार्टमेंट का हर आदमी उनका मुरीद हो गया था... बड़े गौर से सुन रहा था जमाना उन्हें...

मेरी नजर बाहर की तरफ चली गई... ओह! ...तो गाड़ी लखनऊ आ पहुंची। ...यानी आठ घंटे और... लस्त-पस्त पड़ा रहा मैं। थकान और तेज आ रही नींद की वजह से हिलने तक की हिम्मत नहीं हो रही थी। आंखें खोले रखने के लिए काफी जतन करने पड़ रहे थे... मेरे दोनों पपोटे ऐसे चिपके जा रहे थे, जैसे मेरी आंखें, आंखें न होकर कोई सुंदर षोड्शी हों, जिसे मेरी पलकें दुनिया की गलीज निगाहों से महफूज रखना चाहती हों... लेकिन खिड़की से रिस-रिस कर अंदर आ रही बारिश की बूंदों ने और बगल वाले भाई साहब की चल रही मुसलसल तकरीर ने पपोटों की लाख पहरेदारी के बाद भी उस षोड्शी को अंगड़ाई लेने पर मजबूर कर दिया... आंखें जलवेदार हुईं, उसकी अंगड़ाई ने शरीर में जवानी पैदा कर दी... शरीर हरकत में आ गया... गरदन को जुंबिश देकर एक बार फिर बाहर की तरफ नजरें घुमाई तो अगली बोगी के पास ही एक कैंटीन नजर आई।

इन तमाम गतिविधियों से असंपृक्त बगल वाले भाई साहब का प्रवचन जारी

था... चिढ़कर मैंने उन्हें जोर से घूरा, क्योंकि मेरी नींद के बीच सबसे बड़ी बाधा उनके वे अनमोल वचन ही थे। इसका नतीजा यह हुआ था कि तमाम कोशिशों के बावजूद मैं सो तो नहीं ही पाया था, लेकिन सिर जरूर भारी हो गया था... टन भर का न भी हुआ हो, मन भर का होकर टनकने तो लगा ही था... और मेरे जैसे सुतवां गरदन वाले आदमी के लिए अपने धड़ पर यह मन भर का बोझ उठाये रखना बहुत भारी पड़ने लगा था... कसम से... जैसे ही आंखों में नींद की खुमारी उतरती... वह मुझसे कुछ पूछने, बतियाने या बताने लगते, जिसके एवज में मुझे या तो यह मन भर का सिर हिलाना पड़ता या जवाब देना पड़ता... अनमने भाव से ही सही। भले आदमी थे... सत्संग से दीक्षा लेकर आ रहे थे और बड़े उत्साह से उसके किस्से और फायदे बता रहे थे...

सोने की कोशिश नाकाम होने पर मैं बैग में हाथ डालकर पानी की बोतल टटोलने लगा। बोतल बाहर निकाला तो ध्यान गया कि पानी तो थोड़ा ही बचा है। थोड़ी देर पहले आए कैंटीन वाले को पानी का बोतल दे जाने को कहा तो था, लेकिन अभी तक दे नहीं गया था। जी में आया कि चलो प्लेटफॉर्म पर उतर कर खुद ही पानी की बोतल ले लेते हैं, सामने ही तो कैंटीन दिख रही है। साथ में एक चिप्स का पैकेट और डायट कोक भी ले लूंगा। तभी खिड़की के पास आकर एक आदमी ने पूछा- श्रमजीवी एक्सप्रेस ही है न भइया?

जी...

स्लीपर पैर में डालते हुए मैं बोला और उठ खड़ा हुआ। टहलता हुआ प्लेटफॉर्म पर उतर आया। पहले एक बुकस्टॉल पर गया और कुछ पत्रिकाएं खरीदी। फिर खाने के स्टॉल से पानी की बोतल, चिप्स का पैकेट और डायट कोक लेकर पैसे दे ही रहा था कि ट्रेन के खुलने की सीटी बज गई। बाकी बचे पैसे दुकानदार से बिना लिये ही ट्रेन की तरफ भागा। गेट तक आते-आते ट्रेन खुल गई। कैंटीन के सामने वाली ही बोगी एस-11 में चढ़ गया और रफ्तार की उल्टी दिशा में अपनी बोगी की तरफ बढ़ चला। मैं जल्दी से जल्दी अपनी सीट पर पहुंच जाना चाहता था।

जुग-जमाना खराब है... कहीं कोई मेरा सामान लेकर चंपत हो गया होगा तो... ट्रेन की गति के साथ मेरे मन की उड़ान भी शुरू हो गई थी... पटना से साहेबगंज जा रहे गांव के सोना भइया की याद हो आई। वह तो अपनी सीट से उठे भी नहीं थे। कैसे नशाखुरानी गिरोह वालों ने उनसे दोस्ती गांठी और खैनी (तम्बाकू) में नशा मिलाकर उन्हें खिला दिया था और उनका सामान लेकर चलते बने थे... भइया की नींद जाकर खुली साहेबगंज में, जबकि उनको उससे

बहुत पहले भागलपुर में ही उतरना था। इस वक्त मेरे दिमाग में ठगी के एक साथ हजारों किस्से याद हो आये थे। लेकिन उम्मीद की एक लौ भी लपलपा रही थी- ऐसा हमेशा थोड़े ही होता है... अरे ये तो संयोग था कि सोना भइया के साथ ऐसा हो गया... आज भी अच्छे आदमियों की कमी थोड़े ही हैं... मेरे बगल की सीट पर बैठे भाई साहब कितने शरीफ हैं... ठीक है थोड़ा ज्यादा बोलते हैं... उससे क्या... घर में रहता हूं तो कौन-सा चैन से रहता हूं... बच्चे क्या कम भूंकवाते हैं... कितना तेजस्वी है उनका चेहरा... बरेली से किसी बाबा के आश्रम से दीक्षा लेकर आ रहे हैं... उनके रहते... लेकिन मन का एक कोना तुरत उल्टी दिशा में भागा... क्या बगल वाले भाई साहब के गुण गा रहा है... वह आदमी जो सोना भइया को नशा खिलाकर सारा सामान लेकर चलता बना था, उसने भी तो सोना भइया से यारी गांठी थी?... अगर वह सोना भइया को भला नहीं लगता तो क्या वे उसके कहे में आते?... हां, ये बात तो है... लेकिन मेरा मन नहीं माना... नहीं... नहीं... वे धर्म-कर्म वाले आदमी हैं... सोना भइया को जो मिले थे... वे सत्संगी थोड़े थे... क्या गारंटी है कि ये सत्संगी ही हैं?... अपने मुंह से उन्होंने कह दिया और तूने मान लिया!... तेरे जैसे ही भोले-भाले लोग लुटते हैं!... वे खाली हाथ भी नहीं हैं। दो-दो ब्रीफकेस है उनके साथ... चोर-उठाईगीरे तो खाली हाथ चलते होंगे न?... पता नहीं बाबा, ऐसा कोई नियम है क्या?... आगे-पीछे भागता मैं अपनी सीट के पास आ पहुंचा था...

सीट के पास पहुंचते ही सबसे पहले मैंने अपने सामान पर नजर डाली। पहली नजर में तो सबकुछ सुरक्षित लगा। लेकिन नहीं, सबकुछ सुरक्षित कहां था। मेरा सीट हथियाया जा चुका था। मेरे साइड बर्थ पर एक 60-65 साल का आदमी और एक 20-22 साल की युवती ने कब्जा जमा लिया था। सामने की सीट वाले भाई साहब अब उन दोनों को योग, ध्यान और आध्यात्म का महत्व बताने में लग गए थे। मुझे देखते ही उन्होंने सफाई दी- महोदय, मैंने बाबा से कहा था कि इस सीट पर एक सज्जन हैं और वो किसी काम से नीचे गए हैं, बस आते ही होंगे, लेकिन ये नहीं माने। कहा, आ जाएंगे तो हट जाएंगे सीट से... मैं तो मन का सारा विकार निकाल चुका हूं न, इसलिए किसी भी तरह का कोई गलत काम होते नहीं देख पाता। आप तो जानते ही हैं...

मेरा मन किसी अपराधबोध से भर गया। मेरे मन की यात्रा को फिर पंख लग गए- बताओ भला, इस आदमी के बारे में मैं क्या-क्या सोच रहा था। अपना मन पापी और पाप नजर आता है दूसरों में... शक का पापी कीड़ा पाल रखा है अपने मन में और नशाखुरानी गिरोह के चोरों से तुलना कर डाली इस अच्छे-भले

मानुष की। कबीर की वह पंक्ति बड़ी शिद्दत से याद आई- "बुरा जो देखण मैं चला, बुरा न मिलया कोय, जो मन खोजा आपणा मुझ सा बुरा न कोय..." ग्लानि से मन खट्टा हो आया। लंबी-लंबी दो-तीन धुआंइदा डकारें आईं। मेरे ख्यालात की दिशा बदल गई- शायद देर से खाना खाकर नींद नहीं लेने की वजह से आ रही हैं यह डकारें... मेरी तो खाने के बाद सोने की आदत है न... लेकिन क्या करता बगल वाले भाई साहब मान ही नहीं रहे थे... अपनी रामधुन लगा रखी थी। अगर उनकी बात में हां-हूं भी न करता तो बुरा मान जाते न... मतलब नींद नहीं आई तो ये दोष भी उनका... मन की मंथर गति तेज हो गई... हद करते हो तुम भी... घर पर तो टीवी चलता छोड़कर सो जाते हो... मन का चोर छिपाने के लिए भाई साहब से नजरें चुराते हुए मैंने डायट कोक की ढक्कन खोली और मुंह से लगाकर दो घूंट इस उम्मीद में ली कि शायद इससे धुआइंदा डकार और पापी विचारों से मुक्ति मिले... और इस उम्मीद में कि थोड़ी जगह दे दूं शायद मैं अपनी सीट पर, बड़ी कातर निगाहों से अपनी तरफ देख रहे बुजुर्गवार से पूछा, कहां जाना है बाबा?

वे बोले, जाना तो बेटा बनारस है, चार-छह घंटे का रास्ता है। तुम आराम करो बाबू... हम यहीं नीचे बैठकर चले जाएंगे। अफरा-तफरी में जाना पड़ रहा है।

अरे, ऐसा था तो सुबह की किसी ट्रेन से चले जाते... रात की गाड़ियों में ज्यादा परेशानी हो जाती है न!

हां, बेटा लेकिन ऐसी इमरजेंसी आ गई थी कि बिहान तक इंतजार नहीं कर सकते थे... पहले जेनरल डिब्बा में चढ़ने की कोसिस किये, लेकिन बड़ी भीड़ थी... चढ़ नहीं पाए... बूढ़े हो गए हैं न... हाथ-पांव मजबूती से कहीं जमा नहीं पाते... एक-दू बार चढ़ने का प्रयास भी किये... लेकिन नाकाम रहे... एक बार तो आगे वाले आदमी से इतना जोर का धक्का लगा कि गेट की रेलिंग से हाथ छूट गया और गिरते-गिरते बचे... पीछे से बिटिया संभाल ली हमको... तब यही कही कि चलिए रिजरब डिब्बा में चलते हैं... जेनरल से ही लगा हुआ यह डिब्बा था, तो थक-हारकर इसमें चढ़ गए... टिकट भी जेनरल का ही है... सोचे जो होगा, सो देखा जाएगा...

भला ऐसी भी क्या इमरजेंसी, जो दो-चार घंटे बाद नहीं जा सकते थे... इस उम्र में... आप इतना स्ट्रेस क्यों ले रहे हैं। मैंने उन पर भरपूर नजर दौड़ाई। 65 से भी ज्यादा ही उम्र होगी उनकी... इस ठंड में भी पतले से धोती-कुर्ता में थे वे... लंबा कद, कमजोर शरीर, बायोलॉजी का कोई स्टूडेंट हो तो उसे यह जानने के लिए किताब पढ़ने की जरूरत ही न पड़े कि शरीर में कितनी हड्डियां

होती हैं... गहरा पक्का रंग... बाल सफेद, चेहरे पर झुर्रियां, पेट धंसा हुआ, मुंह में शायद दांत भी नहीं थे... इसी वजह से बोलते वक्त चेहरे का निचला हिस्सा बहुत ज्यादा हिलता था... ठोड़ी आगे की ओर निकल आई थी... टांगे सूखी पतली-पतली... हाथ-पैर की त्वचा एकदम रूखी, बेजान... पपड़ी छूटे हुए... उनके पूरे शरीर पर गोल-गोल चकत्ते बने हुए थे...

जब भाग खराब हो जाता है न बेटा तो स्टेरस लेने की जरूरत नहीं पड़ती... अभागों की तो किस्मत में बदी होती है यह... और हमसे बड़ा अभागा कौन है बेटा, एक महीने पहले जिसकी बीवी छोड़कर चली गई... और अब बेटा... जाने से पहले पता नहीं भगवान क्या-क्या दिखाने वाले हैं... ईश्वर मुझे उठा भी तो नहीं लेते... बोलते-बोलते वे फफक पड़े... साथ ही सीट छोड़कर खड़े हो गए थे... लड़की भी सीट से उठ गई थी... नीचे आने-जाने वाली संकरे रास्ते पर वह एक मैली-कुचैली सी चादर बिछाने लगी थी... वे जब खड़े हुए तो देखा कि कमर से भी झुके हुए हैं और किसी तरह शरीर का बोझ पांवों पर लाद पा रहे हैं... उन्हें देखकर मैं यह भूल गया कि मेरा सिर भी मन भर भारी है... कुछ देर के लिए अपना दर्द भूल गया। मेरी कुछ समझ में ही नहीं आ रहा था कि ऐसे मौके पर उन्हें क्या कहूं... कैसे ढाढ़स बंधाऊं... मैं हमेशा से ही ऐसा हूं... खुशी के मौके पर न तो मुंह से बकार निकलती है और न दुख की घड़ी में सांत्वना के सही बोल... भावना के अतिरेक में मैं चुप्पी साध लेता हूं... बचपन से ही अपने जज्बात को अभिव्यक्त करने में कमजोर हूं... गमी में कुछ कहने की कोशिश करता हूं, तो अंदर से एक बगोला-सा उठता है और गला रुंध जाता है... आवाज निकलने के बजाए अंदर ही अंदर उमड़ने-घुमड़ने लगती है... आत्मा चीत्कारने लगती है और मुंह मौनव्रत धारण कर लेता है... मेरी एक नहीं चलती है ऐसे मौकों पर... न आत्मा को चुप करा पाता हूं और न ही ऐसे यत्न में कामयाब हो पाता हूं कि कंठ फूटे...

दुख की घड़ी में हर बार दुहराई जाती है यह प्रक्रिया... अक्सर सोचता हूं अवसाद के क्षणों में ऐसा होता है तो सुख के क्षणों में क्यों चुप्पी सध जाती है, न चाहते हुए भी?... लेकिन पता नहीं क्यों खुशी के पल में ऐसा ही तो नहीं, लेकिन एक तेज भंवर गोल-गोल घूमने लगता है मेरे अंदर... और इसमें समा कर बोल कहीं खो जाते हैं... मैं बार-बार गोते लगाता हूं, मगर शब्द हैं कि पकड़ में ही नहीं आते... और इस प्रयत्न में मेरी आंखें भर आती हैं... गला रुंध जाता है... एक बार अपनी शादी की पांचवीं सालगिरह पर तय किया कि शादी के पहले तो मैं अपनी बीवी को प्रप्रोज नहीं मार सका... चलो कोई बात नहीं... देर

आयद, दुरुस्त आयद... आज मारूंगा... और उसके इस ताने से हमेशा के लिए छुट्टी पा लूंगा... मैं बुके लेकर घर पहुंचा... घुटनों के बल उसके सामने खास प्रपोजमार्का अदा से झुका... बीवी समझ गई कि मैं क्या कहना चाहता हूं... वह भी बड़ी नाजो-अदा से शरमाई... और उसका यही लजाना गजब ढा गया... यह अंदाज मुझे इतना भाया कि मुझे उस पर प्यार उमड़-उमड़ आया... बस यहीं हो गई गड़बड़... उस पर प्यार क्या आया कि मैं भावुक हो गया और डूब गया भंवर में... कर लिया धारण मौन... सारे डायलॉग भूल गया... गजब तो यह हुआ कि उसके बाद वह एक हफ्ते तक मुझसे रूठी रही...

और आज उससे एकदम उलट मौके पर भी यही हुआ... बाबा को क्या कहूं... समझ में ही नहीं आया... गला रुंध गया... बस किसी तरह उनसे इतना कह पाया- बैठे रहिए... आप इधर ट्रेन की दीवार से अड़ककर बैठ जाइए... मैंने फुल्के हाथों से उनके कंधे पकड़कर अपनी सीट पर किनारे बैठा दिया और कहा- हुआ क्या था उन्हें?... और ऐसे मौके पर बनारस क्यों जा रहे हैं?... आवाज मेरा साथ छोड़ती जा रही थी। लग रहा था कि ट्रेन की रफ्तार के साथ घड़-घड़ की आवाज इतनी तेज हो गई है कि मेरी आवाज उस आवाज में डूब गई है...

उनके हाथ आशीष देने वाली मुद्रा में उठे और रूंधे गले से वे बोले- ईश्वर तुम्हारा भला करे बाबू... मेरा बेटा बनारस में ही एक गैस वेल्डिंग की दुकान में काम करता था... अचानक पता नहीं कैसे आग उसके कपड़े में लग गई... जब तक आसपास के लोग आग बुझाते, वह बुरी तरह झुलस गया... उसकी हालत सीरियस हो गई... लोगों ने जल्दी-जल्दी उसे बीएचयू हस्पताल पहुंचाया... लेकिन तब-तक बहुत देर हो गई थी... उसी का लास लेने जा रहे हैं... घर में कोई है नहीं... वही एकलौता आसरा था हमारा... पता नहीं अब क्या होगा... राम जिस हाल में रखे... इस बच्ची को जन्म देते हुए इसकी मां चल बसी... और अब.... पता नहीं इस लड़की की किस्मत में क्या बदा है... भगवान हमको बुलाते भी नहीं... लेकिन फिर ये सोचता हूं कि इस लड़की का क्या होगा... हांफते-हांफते वे बोले और एक लंबी सांस ली... आह!

उनकी इस आह में पता नहीं क्या था कि मेरा कलेजा मुंह को आ गया... पहली बार मेरी नजर उस लड़की पर गई।

अपने दादा की तरह उसका रंग तो पक्का नहीं था, लेकिन सांवली ही थी वह भी... मैली-कुचैली सी सलवार-समीज में। लेकिन उसमें कुछ बात ऐसी थी कि देखने वाले की नजरें एकबारगी उस पर जम जाए... नाक-नक्श तीखे... कोई पांच फुट की... सांचे में ढला शरीर... पतली कमर... उभरे हुए चिक बोन... साफ

नजर आते कॉलर बोन... पिचका हुआ पेट... पतले-पतले हाथ-पैर... ऐसा फीगर कि एक बित्ते में पीठ और पेट दोनों पकड़ में आ जाएं... ऐसा ही शरीर पाने के लिए नायिकाएं और फैशनेबल लड़कियां जिम में घंटों पसीना बहाती हैं... महीने का हजारों खर्च करती हैं... तरह-तरह के ऑपरेशन करवाती हैं और डायटिंग कर-कर के अपनी भूख का गला घोंटती रहती हैं... योगा, वर्जिश, मॉर्निंग वॉक और न जाने क्या-क्या करती हैं वे... इस लड़की ने क्या-क्या किया होगा इतनी शानदार फीगर पाने के लिए... डायटिंग... योगा... वर्जिश...

याद हो आई अपने गांव में रिक्शे पर की गई सनोज बाबू के साथ वह यात्रा...

रिक्शेवाले बड़े फिट होते हैं... मुफ्त में सालों की इतनी वर्जिश जो हो जाती है...

मतलब?

तुम्हें पता है न कि साइक्लिंग सबसे अच्छी एक्सरसाइज है... और रिक्शे में तो उससे भी ज्यादा ताकत लगानी पड़ती है... भारी रिक्शे के साथ सवारी और सामान... जांघों के लिए तो इससे अच्छा कोई व्यायाम है ही नहीं... सालों को सब मुफ्त में मिल जाता है... मुफ्त में क्यों इसके लिए तो वह उल्टे पैसे भी लेते हैं!

मुफ्त में?

और नहीं तो क्या... इनकी तरह का फीगर पाने के लिए हम जिम की मोटी-मोटी फीस भरकर यही सब तो करते हैं... लेकिन फिर भी नहीं मिल पाती ऐसी देह... न शरीर का कटाव... न बाजू में मछलियां बनती है... न पत्थर जैसा जांघ ही हमारा होता है... लेकिन ये लोग देह तो पाते ही हैं... साथ में इनकी ऐश भी है... कमाई की कमाई हो जाती है और वर्जिश के बदले पैसे जो मिलते हैं, वो अलग...

तब जी में आया था कि सनोज को खीचकर एक थप्पड़ लगाऊं... चिढ़कर कहा था मैंने- कहो तो तुम्हें भी एक रिक्शा गिफ्ट कर दूं... तुम्हारी वर्जिश भी फ्री में हो जाएगी... और तुम्हें तो कोई कमी है नहीं, तुम पैसे मत लेना लोगों से... वर्जिश के साथ समाजसेवा भी हो जाएगी! क्यों?

सनोज का वह जवाब भी मुझे याद है- अच्छा मजाक कर लेते हो भाई... हर बात में ताना कसने के मौके तलाश ही लेते हो...

यह पूरी बातचीत कौंधी तो एक सवाल भी गूंजा मेरे मन में... भूख की वर्जिश से इस लड़की को भी फ्री में मिली होगी यह जीरो फीगर... रोटियों के

लाले ने दी होगी यह पतली कमर... उभरे हुए चिक बोन... साफ नजर आते कॉलर बोन... पिचका पेट... पतले-पतले हाथ-पैर और एक बित्ते में पीठ और पेट दोनों पकड़ में आ जाने वाली खूबसूरत देह!

हां भूख का ही 'वरदान' तो है यह शरीर...

सिर के साथ मन भी टन भर का हो टनकने लगा... बेचारी लड़की... इसी उमर में कितने दुख भोग रही है... बगोला फिर उठा और मैं चाहकर भी उस लड़की से सहानुभूति के दो शब्द तक नहीं कह पाया... बस, गहरे सजल नेत्रों से उसे देखता भर रहा... गहरी, धंसी, काली आंखें... शायद रो-रो कर धंस गई थीं... लेकिन उनमें एक खास कशिश थी... जो बांधती थी... खींचती थी... ठोड़ी के पास एक काला मस्सा था... बड़ा-सा... फिर भी चेहरे पर बदनुमा दाग की तरह नहीं था... पपोटे सूजे थे और आंखें डबडबाई... बार-बार नाक सुड़क रही थी... पता नहीं ठंड की वजह से उसे सर्दी लग गई थी या दादा से नजरें बचाकर वह अब तक सिसक रही थी... फिर भी चेहरे की मासूमियत बरकरार थी...

बाहर की बारिश ने अंदर की आबोहवा को भी काफी ठंडा कर रखा था... ट्रेन की फर्श तो बर्फ जैसी हो गई थी... और उसकी वह पतली सी मैली-कुचैली चादर फर्श की ठंडक को रोकने के लिए नाकाफी थे... मैंने उससे कहा-ठंड लग जाएगी... ऊपर ही आ जाओ...

वह चुपचाप वैसे ही सहमी-सिकुड़ी बैठी रही... मैंने उसके दादा को कहा... एक तो पहले से आप इतनी परेशानी में जा रहे हैं... अगर लड़की को ठंड लग गई, तो दूसरी परेशानी... लेनी की देनी पड़ जाएगी...

उसके दादा ने उससे कहा... अच्छे आदमी हैं बेटा... ऊपर आ जाओ... दादा के बोलने के बाद वह चादर समेट कर ऊपर सीट पर आकर दादा से सटकर बैठ गई।

मैं थोड़ी देर उकडू बैठा रहा... लेकिन थकान गहराती रात की कालिमा की तरह मेरी आंखों में उतरती जा रही थी। बगल वाले भाई साहब दादाजी से बात करने में मशगूल थे- वे उन्हें ढाढ़स बंधा रहे थे। आपको इस तरह नहीं सोचना चाहिए... ईश्वर की मर्जी के आगे किसी की नहीं चलती... आप तो बस यह सोचिए कि इस नर्क से मुक्ति मिल गई उन्हें... जरूर कोई अच्छे कर्म किये होंगे... नहीं तो भगवान अपने पास इतनी जल्दी किसी को बुलाता नहीं... देखिए, मैं बरेली से आ रहा हूं... दीक्षा लेकर... हमारे गुरुजी कहते हैं कि जो तुम देख रहे हो, सब माया है, दुनिया में कोई किसी का नहीं... कोई नाता-रिश्ता नहीं... यह सब माया है... और मौत, मौत तो सबसे बड़ा भ्रम है... आत्मा अविनाशी है... कोई

मरता नहीं... इसलिए किसी के दुख पर शोक मनाना भी मिथ्या है... दुख का कोई कारण नहीं... दुख तो तुम्हारी लालसा-कामनाओं की वजह से बाह्यजगत से आता है... अंदर तुम्हारे मन में तो वह बैठा है... सर्वशक्तिमान... फिर भीतर से दुख आने का कोई कारण नहीं... तुम अपने भीतर झांकों... और भविष्य की तरफ देखो... जो तुम्हारे वश में है, वह करो... इसलिए मैं तो कहता हूं... मृत्यु का शोक मनाना छोड़िये... क्योंकि मृत्यु मिथ्या है... अतीत है... आप वर्तमान में जियें और वर्तमान की योजनाओं से भविष्य को बेहतर बनाएं... ईश्वर ने आपको जो मौका दिया है, उसे भुनाइए... अतीतराग से न किसी का भला हुआ है और न हो सकता है... अब आगे देखिए और अपनी इस बच्ची को पढ़ाइए-लिखाइए और उसे अपने पैरों पर खड़ी कीजिए... दुनियादारी की तमीज पैदा कीजिए, तभी वह बेचारी अकेली जिंदगी काट पाएगी... साथ ही दीन-धर्म की जानकारी दीजिए और इसे बताइए कि इस कीचड़रूपी दुनिया में किस तरह कमल की जिंदगी जीना है... ये दुनिया बहुत खराब है... दुनिया क्या बाहर से आने वाली हर चीज खराब है... हमारे गुरुजी कहते हैं- देखो इस दुनिया में कितने महापुरूष गुजरे हैं... किसी की भी जिंदगी सामान्य नहीं रही है... सभी ने बहुत कष्ट सहे हैं... अपने लिए नहीं, दूसरों के लिए... मोहम्मद साहब को हिजरत कर मदीना जाना पड़ा... जीसस को सूली पर चढ़ना पड़ा... भगवान श्रीकृष्ण को नंदनगरी आना पड़ा... सुकरात को जहर दे दिया गया... लेकिन इन सबने यही कहा- हे ईश्वर इन्हें माफ करना ये नहीं जानते कि ये क्या कर रहे हैं... इन सब महापुरूषों के सामने आपका दुख तो कुछ भी नहीं... आपका बेटा तो सिर्फ एक दुर्घटना का शिकार हुआ है... जबकि इनके साथ तो साजिश रची गई... दुश्चक्र में ढकेल दिया गया... फिर भी इनमें से किसी ने जीने की उम्मीद नहीं छोड़ी... उफ्फ! नहीं की... नाउम्मीदी का दामन नहीं थामा... बल्कि ये कहा- हे ईश्वर इन्हें माफ करना, क्योंकि ये नहीं जानते कि ये क्या कर रहे हैं... हर मजहब में नाउम्मीदी को सबसे बड़ा पाप बताया गया है... अपनी जान लेने वाले के लिए कोई माफी नहीं है... किसी भी धर्म में... हमारे गुरुजी भी यही कहते हैं... ऐसे लोग कायर होते हैं... वह सर्वज्ञ हैं... उन्होंने कुरआन शरीफ भी पढ़ रखा है... वेद, बाइबिल, जेंदावेस्ता आदि सारे मजहबों की पवित्र किताबें पढ़ रखी है... उन सब धर्मों का निचोड़ है हमारा सत्संग... हमारा सत्संग किसी एक धर्म का पैरोकार नहीं है... वह बताता है कि हर रास्ता स्वर्ग की तरफ जाता है... किसी मजहब से वैरभाव न रखो... सुख तुम्हारे अंदर है... दूसरे क्या करते हैं... इस पर ध्यान मत दो... अहम यह है कि तुम क्या करते हो... जिंदगी को सहज बनाओ...

और सहजता इसी में है कि हर हालत में खुश रहना सीख लो... भगवान जिस हालत में रखें, प्रसन्नतापूर्वक उसे स्वीकार करो... जीवन स्वीकार में है... नकार में नहीं... समझे बाबा! ...तो मेरे साथ उठाइए सौगंध कि आज के बाद मरने की बात भी नहीं सोचेंगे... यह सब बोलते हुए भी उनके चेहरे पर असीम शांति थी। इस गमगीन माहौल का भी उन पर जरा असर नहीं था। पता नहीं दादाजी उनकी बातों को कितना समझ रहे थे, लेकिन स्वीकृति में सिर ऐसे हिला रहे थे, जैसे वह अमृत का रसपान कर रहे हों... और जैसे-जैसे दादाजी का चेहरा स्वीकृति में हिल रहा था, वैसे-वैसे भाई साहब के चेहरे पर तृप्ति... परम तृप्ति के भाव आते जा रहे थे।

मैं भी उनकी बातों में उत्सुक हो उठा था... दादाजी को पैर न लगे, इसलिए जिधर वह बैठे थे, उस तरफ सिर कर लेट गया... मैंने भाई साहब से पूछा- भाई साहब ये दीक्षा कैसे ली जाती है...

वह बड़े गर्व से मेरी तरफ अपना चेहरा कर बोले- वह ऐसे ही थोड़े मिल जाती है... मन के सारे मैल, पाप, विकार, वासना बाहर करने होते हैं, कोई पांच साल लग गए मुझे इस आत्म परिष्कार में, आत्मशुद्धि में... तब जाकर गुरुजी ने दी दीक्षा मुझे और कहा- आज से तुम्हारा नया जीवन है। तुम्हारी सबसे बड़ी खूबी यह है कि तुम अपने अंदर के सुख में जीते हो... दूसरों के सुख तुम्हें विचलित नहीं करते... क्लेश और ईर्ष्या के लिए उकसाते नहीं... दुख में भी अविचल बने रहते हो... किसी भी हालत में सहजता नहीं छोड़ते... इसलिए आज से दुनिया तुम्हें स्वामी सहजानंद दास के नाम से जानेगी। स्वामी इसलिए क्योंकि तुम अपनी इंद्रियों को जीतकर उसके मालिक बन गए हो और दास इसलिए, क्योंकि तुम्हारे अंदर जब भी घमंड पैदा हो तो तुम यह याद कर लो कि तुम ईश्वर के गुलाम हो... धरती पर हमेशा के लिए नहीं आए... आयुजीत नहीं हो... लौटकर उसी परमपिता के पास जाना है, जिसकी सत्ता सार्वभौमिक है...

उनका प्रवचन जारी था और मैं भी नींदजीत तो था नहीं... इसलिए वह मुझे बेचैन करने लगी थी... बेकल होकर बुलाने लगी थी अपने आगोश में.... और मैं कब उसकी शरण में चला गया पता ही नहीं चला... जब नींद आई तब उसे इस बात से कोई फर्क नहीं पड़ा कि स्वामी सहजानंद दास जी का अतुल्य प्रवचन चल रहा है... ट्रेन की लाइट जल रही है... दादा-पोती के बैठे रहने की वजह से मेरे छह फुट के शरीर को अपने दोनों पैर लगभग पेट से सटाकर उकडू होना पड़ा है... अगर शब्दों को नीबू की तरह निचोड़कर कहूं तो यह कहना पड़ेगा कि अब तक मैं इस हालत में पहुंच गया था कि तलवार के धार पर भी लेटा होता

तब भी सोना ही था... बीच में दो-तीन बार क्षणांश के लिए मेरी आंखें खुली तो देखा कि दादा-पोती समेत बोगी के तमाम लोग सो चुके हैं, लेकिन भाई साहब अभी तक जगे है... और उनकी नजरें मेरी तरफ ही जमी है। मैंने शायद एक बार नींद में ही उनसे पूछा भी- भाई साहब अभी तक जगे हैं? उन्होंने कहा- नींद नहीं आ रही है। इसके बाद फिर मैं बेखबर सो गया....

सुबह उठा तो देखा कि मेरी सीट पर बैठे दादा-पोती नहीं हैं... गाड़ी मुगलसराय स्टेशन पर लगी थी... मुझे चाय की जोरों की तलब लग आई थी... सामने से गुजरते चाय वाले ने मेरी इस चाहत को और बढ़ा दिया। मैंने चायवाले को आवाज दी... ओ भइया जी एक कप चाय देना... और पॉकेट से डनहिल का पैकेट निकालकर सिगरेट सुलगा लिया... उकडू-उकडू सोए रहने के कारण मेरा पोर-पोर दुख रहा था... सिगरेट की जोर की एक कश ली और रोम-रोम के दर्द को धुएं के कश के साथ अंदर भर लिया... मुझे थोड़ी राहत महसूस हुई... सामने वाले भाई साहब ने आपत्ति जताई... सार्वजनिक जगहों पर सिगरेट पीना मना है... आपको नहीं पता क्या? पता नहीं उनकी बात में क्या था या मैं ही गलत कर रहा था इसलिए... सिगरेट पीने की अपनी तमाम इच्छाओं को दबाकर मैंने सिगरेट बुझाकर फेंक दी... और चाय की चुस्कियां लेने लगा। चाहता तो था कि बाथरूम में जाकर दो फूंक और लगा लूं... लेकिन इस इच्छा का साथ शरीर ने नहीं दिया... मैं स्वामी सहजानंद दास की तरफ मुखातिब हुआ और बोला- सॉरी!

कोई बात नहीं... कोई बात नहीं... कहकर टटोलने वाली निगाहों से मुझे देखने लगे... उनकी निगाहें इतनी सर्द थीं कि मैं भीतर तक सिहर गया- पूछा क्या बात है... मुझसे कोई और खता हो गई क्या?

वह हंसते हुए बड़े शांत भाव से बोले- अरे नहीं, मैं भला कौन होता हूं किसी में गलती निकालने वाला... हम सब एक ही परम पिता परमात्मा की संतान हैं... वही हमारी खामियों और खूबियों को आंकता है... वह सब देख रहा है... नेकी और बदी के फरिश्तों को उसने बिठा रखा है हर आदमी के कंधे पर हिसाब करने के लिए... आप तो ये बताइए खूब मजे लिये न?

अचानक से जिस अंदाज में उन्होंने ट्यून बदला था, वह मेरी समझ में नहीं आया, मैंने कहा- आपका आशय नहीं समझा श्रीमान् जी?

अरे आशय-वाशय कुछ नहीं भाई, मैं तो ठहरा दीक्षित, यूं ही बोल पड़ता हूं... मैं तो खुद में जीने वाला आदमी हूं... मुझे कोई फर्क नहीं पड़ता...

मतलब?

बस ऐसे ही पूछ लिया कि जिस कुशलता से उस लड़की के बदन पर आपके

हाथ, जीभ और जांघ के बीच फिसल रहे थे, वैसा कोई खिलाड़ी आदमी ही कर सकता है... कमाल के आदमी हैं आप... ट्रेन में भी... मैं तो रात भर बस आप दोनों का तमाशा ही देखता रहा... क्या करूं, कहीं कोई गड़बड़ हो तो चुप ही नहीं रहा जाता न... सो सीधे आप ही से पूछ रहा हूं...

सहसा मेरी चेतना कौंधी... अच्छा तो भाई साहब का ये मतलब है... मैंने कहा- मैं तो सच में सो रहा था... नींद में गाफिल था, मेरे हाथ कब, कहां गए, सच में मुझे नहीं पता... आप बता रहे थे कि अपनी इंद्रियों पर काबू पाने की वजह से ही आपके गुरुजी ने आपको दीक्षित...

दीक्षित... कुछ गूंजा... मेरा सफर मां तक जा पहुंचा... मां की गोद में मैं कहानी सुनने के लिए मचल रहा था... मां मुझे कहानी सुना रही थी... बेटा आज मैं तुम्हें एक खास कहानी सुनाने वाली हूं... इसे गांठ बांध लेना... कभी भूलना मत... इस कहानी की सीख हमेशा काम आएगी... एक गुरुकुल था... वहां वही बच्चे पढ़ सकते थे जो बाल ब्रह्मचारी बनें... एक बार कुछ बच्चों की शिक्षा पूरी हुई और उनके दीक्षित होने का दिन आया, तो परीक्षा लेने की गर्ज से गुरुजी ने उन सबसे कहा- दीक्षा समारोह के लिए कुछ सामान की जरूरत है... आप सब दो-दो के दल में बंट कर अलग-अलग दिशाओं में जाएं और भिक्षा मांगकर ये सारे सामान ले आएं... दो बाल ब्रह्मचारी को नदी की दूसरी तरफ जाने का आदेश मिला था... जब वे नदी के किनारे पहुंचे तो उन्हें वहां एक नवयौवना खड़ी मिली, जो तैरना नहीं जानती थी... उसने इन दोनों से विनती की कि नदी पार करा दें... पहले ब्रह्मचारी ने तो साफ मना कर दिया और कहा कि दूर हटो, हम बाल ब्रह्मचारी हैं... गुरुजी ने कह रखा है कि हम पर लड़की की छाया तक नहीं पड़नी चाहिए... इसलिए सिर्फ तुम्हारे लिए मैं अपने 25 साल की साधना का नाश नहीं करूंगा... तब तक दूसरा ब्रह्मचारी आगे बढ़ा और उसने लड़की को कांधे पर लाद लिया... पहले ब्रह्मचारी ने उसे ब्रह्मचर्य की शपथ लेने की याद दिलाई, लेकिन दूसरे पर इसका कोई असर नहीं हुआ... नदी पार करने के दौरान पूरी राह वह उसे कोसता रहा और उससे बात तक न की... गुरुकुल पहुंचने के बाद जब दूसरे ब्रह्मचारी ने उससे बात करने की कोशिश की, तो पहले ने कहा- मेरी छाया से भी दूर रहो, तुमने ब्रह्मचर्य का नियम तोड़ा है, गुरुकुल का नियम तोड़ा है... तुम पापी हो... ब्रह्मचारी होकर तुमने न सिर्फ उस लड़की का स्पर्श किया, बल्कि उसे कांधे पर लादा और उसे नदी के पार तक ले गए... आज से तुम्हारा मेरा कोई वास्ता नहीं... इस पर दूसरे ने कहा- मैं तो उस लड़की को नदी के उस पार ही छोड़ आया हूं, मगर तुम तो उसे यहां तक ले आए... यह

कहकर मां ने मुझसे पूछा था- इससे क्या सीखा और मैं मां की गोद से उतर ट्रेन में आ गया था, मैं मुस्कुरा उठा...

इतना बड़ा अधम कर आप मुस्कुरा रहे हैं... आपको तनिक भी लज्जा नहीं आती... भाई साहब बड़े आहत स्वर में बोले...

क्या कह रहे थे आप... सुख भीतर से पनपता है... दुख बाहर से... चलिए एक पल के लिए मैं यही मान लेता हूं कि मैं मजे ले रहा था... लेकिन आप क्यों रात भर जगे रहे स्वामी सहजानंद दास जी... दांत पर दांत जमाता खूब किटकिटा कर मैंने उनका नाम लिया...

मेरे इस व्यंग्य का भी उन पर कोई असर नहीं पड़ा था... वह उतने ही सौम्य, शांत और सहज बने रहे। बड़े प्यार से बोले- अच्छा मजाक कर लेते हैं आप भी....

उनके चेहरे पर रात ही की तरह का संतुष्टि भाव आ गया था, जैसा दादाजी को सांत्वना देते समय उनके चेहरे पर था... ट्रेन खुल चुकी थी... ट्रेन की धड़-धड़ में गुस्से से थरथराती मेरी पसलियों की धाड़-धाड़ मिलकर एकमेक हो गई थी... मेरी यात्रा नये सिरे से शुरू हो गई थी... मां मुस्कुराकर अपनी गोद में मुझे बुला रही थी...

# ...लेकिन ये रेयर ऑफ द रेयरेस्ट नहीं

बसंत की गुनगुनी धूप में अंब्रेला ट्री के नीचे कुर्सी पर बैठी वह रहस्यमयी ही तो लग रही थी। आंखों पर काला चश्मा, चेहरे पर हिजाब, हाथों में लंबे दास्ताने, लांग बूट और कपड़ा ऐसा कि क्या मजाल जो कोई उसकी उंगली तक देख ले। पूरा लिबास किसी फिल्मी जासूस या अंडरवर्ल्ड के किसी सदस्य जैसा लग रहा था। लेकिन यह तय है कि वह बेहद रहस्यमयी लग रही थी। लड़की की आंखें अखबार के अंदर के पन्ने पर छपी एक सिंगल कॉलम की खबर पर धंसी हुई थी- "अफ्रीकी देश तंजानिया में सोमवार की रात एक और गोरे को मार दिया गया। मिली खबर के अनुसार वह आदमी रात में जब सोया था, उस वक्त कुछ अज्ञात लोगों ने उस पर हमला कर दिया और उसके शरीर का एक बड़ा हिस्सा काट कर ले गए। बताते हैं कि वह रात भर दर्द से तड़पता रहा, लेकिन उसकी मदद के लिए कोई नहीं आया। सुबह कहीं जाकर पुलिस की रेस्क्यू टीम मदद के लिए पहुंची, तब तक बहुत देर हो चुकी थी।

ज्ञात हो कि पिछले एक महीने में इस तरह से 13 गोरों की हत्याएं की जा चुकी हैं, लेकिन सरकार ने इन अपराधियों को पकड़ने के लिए अब तक कोई कार्रवाई नहीं की है।

खबर है कि बेरहमी से यह हत्या इसलिए की गई, क्योंकि जिस आदमी का शरीर से लेकर बाल तक सफेद होता है, उसके खून टपकते शरीर के लोथड़ों की मांग वहां के मालदारों में बहुत ज्यादा है। अमीर लोग इसे मुंहमांगी कीमत पर खरीद लेते हैं और इसे लेकर ओझाओं के पास जाते हैं, जहां उन्हें उस मांस के लोथड़े में से टपकते ताजे खून से एक विशेष प्रकार का घोल बना कर पिलाया जाता है। वहां के लोगों का मानना है कि ऐसे व्यक्तियों के खून से बने घोल को पीने से अमीरी बढ़ती है। ये अमीर काफी प्रभावशाली हैं, इसलिए सरकार की मंशा भी इनके खिलाफ कार्रवाई की नहीं रहती। पुलिस सिर्फ खानापूर्ति कर मामले को निबटा देती है।

इस तरह से जिन आदमियों की हत्या की गई है, उन सभी को 'रेयर ऑफ द रेयरेस्ट...'

हाय प्रिटी, लो मैं आ गया, तुम्हें ज्यादा इंतजार तो नहीं करना पड़ा न? अचानक से आई इस आवाज ने उसके अंदर सिहरन भर दी। दर्द की फुरहरी सी उसके पूरे बदन में फैल गई। अइया... उसके मुंह से चीख-सी निकलते-निकलते रह गई। नजर उठाया तो सामने आफताब खड़ा था। वह किलस कर रह गई।

आफताब शुरू था- तुम भी गजब करती हो यार, काला चश्मा लगाकर अखबार पढ़ती हो... तुम्हारा तो अंदाज ही निराला है... अरे निकाल दो न, आंखें खराब हो जाएंगी... कहते हुए आफताब ने चश्मे की तरफ हाथ बढ़ा दिये।

उसे वह हाथ, हाथ नहीं तेज खंजर लग रहा था... वह डर और गुस्से से कांप रही थी... आफताब का हाथ चश्मे तक पहुंचे, इससे पहले वह जोर से चीखी- हॉल्ट, एंड शट योर माऊथ। तुम्हें तो किसी बात की तमीज ही नहीं है... एक तो इस बकवास-सी खुली जगह पर बुलाया मुझे और खुद 10 मिनट लेट आए हो... और अब पीछे से इतनी जोर से चिल्ला रहे हो... मैं बहरी नहीं हूं... पता है, इतनी देर में मेरा पूरा बदन गर्मी से झुलस गया है... और ये प्रिटी... प्रिटी क्या लगा रखा है... मेरा नाम प्रीति है प्रीति... वह जोर देती बोली, जानते नहीं क्या!

प्रीति का गुस्सा देख एक बार तो आफताब सकपका ही गया। रेस्तरां में बैठे लोग भी अचकचाकर उधर ही देखने लगे थे। बात संभालने की गर्ज से वह बोला- अरे यार, ये जेठ की तपती दुपहरी नहीं... बसंत का मौसम है... सुबह आठ बजे की गुनगुनी धूप है... उस पर से छतरी के नीचे बैठी हो तुम। ऊपर से नीचे तक खुद को ढांप रखा है। बदन का कोई हिस्सा खुला नहीं, जहां धूप लगे... इसके बावजूद चनचना गई। सच में तुम्हारी त्वचा बड़ी मखमली लगती है। वो राजकुमारियों वाली कहानी सुन रखी है न... एक को फूल से चोट लगती थी, तो एक चांदनी में भी जलने लगती थी... अभी तक तो मैं इस कहानी को फिक्शन का अद्भुत नमूना मानता था, लेकिन अब लगता है कि सच्ची ही रही होगी वह...

देखो आफताब और बकवास किया न तो मैं तुम्हें मार डालूंगी, वैसे ही झनझनाती वह बोली।

ओह हो! अभी मेरी बात कहां पूरी हुई है, पूरी नाजो-अदा से बिना हैट के हैट नीचे झुकाता कोर्निस वाले अंदाज में वह बोला- और तुम्हारी आखिरी और सबसे अहम बात यह कि तुम्हें प्रिटी इसलिए कहता हूं... बिकॉज यू आर द प्रिटीएस्ट गर्ल ऑफ द वर्ल्ड... समझी!

लेकिन आफताब की इन लच्छेदार बातों का प्रीति पर कोई असर नहीं पड़ा, वह पूर्ववत झल्लाती बोली- बकवास बंद करो, जल्दी बताओ, इतना अर्जेंट क्या था, जो तुमने इतनी जल्दी में यहां बुलाया।

बताता हूं, बताता हूं यार, पहले मेरी एक शंका का समाधान करो। जब से मैंने तुम्हें देखा है, तब से पूछना चाहता हूं कि तुम दिन में कहीं भी निकलती हो, तो अपना पूरा शरीर ढंक कर क्यों रखती हो? माशा अल्लाह तुम इतनी हसीन हो, जवान हो.... और इतनी नूरानी कि अगर कोई बुरी नजर डाले, तो तुम्हारा तो कुछ न बिगड़े... हां, तुम्हारे हुस्नोजमाल में जलकर वही खाक जरूर हो जाए... और कोई लड़की तुम्हारी तरफ देखे तो वह अपनी जलन में खुद ही जल मरे... हाय। जगजीत सिंह की वह गजल तो तुमने सुन ही रखी होगी.... मय पिलाकर आपका क्या जाएगा, जाएगा ईमां जिसका जाएगा... सच में बेखुद देहलवी के इस गजल को...

लेकिन उससे पहले प्रीति जा चुकी थी... कहीं दूर... दूर छूट चुके सतरंगे बचपन में...

जब वह बच्ची थी, तब भी तो लोग उसकी तारीफ में ऐसी ही मिसालें दिया करते थे। अड़ोस-पड़ोस में वह माखनजी के नाम से मशहूर हो गई थी। उसको यह नाम इसलिए पड़ा था, क्योंकि वह मक्खन की तरह दप-दप करती गोरी-चिट्टी और चिकनी थी। उसके चाचा उसे फॉरेन डॉल कहते थे। मुहल्ले की चाचियां उसे विदेशी गुड़िया, जापानी गुड्डी या फिर बॉर्बी डॉल के नाम से बुलाती थीं। लोग उसे गोद लेने के लिए मरे जाते थे... जो भी उसे देखता, खुद को रोक न पाता और गोद में उठा लेता। दादी तो यहां तक कहा करती थी कि क्या गोराई है इसकी। अंधेरे घर में रख दो तो कोठरी दगदगाने लगे।

तब रंग-रंग का भेद कहां जानती थी वह। इसलिए दूसरे बच्चों के मुकाबले मिलने वाले ज्यादा लाड़-प्यार और तवज्जो पर वह खुशी से फूली नहीं समाती थी। उसे कहां पता था कि यही रंग उसे एक दिन अकेला... बहुत अकेला करने वाला है। मगर अब वह जानती है।

हां, यहां भी तो अकेली ही है वह... उसने नजर उठाकर देखा...अभी सुबह ने अंगड़ाई भी नहीं ली थी और रेस्तरां पूरी तरह भर गया था... लोग गुनगुनी धूप लेने के लिए उस खुले रेस्तरां में सुबह-सुबह ही पहुंच जाते थे... अपने परिवार, बच्चे, दोस्त, गर्लफ्रेंड के साथ... इस शहर में तो कोई नहीं था उसका... इस शहर में क्या... कहीं भी ऐसा कोई नहीं था, जो उसकी इस तन्हाई को दूर कर दे... उस पर से उसने खुद को जिस तरह से कपड़ों के आवरण में लपेट रखा था कि कोई उसके पास आ भी नहीं पाता था... और जैसे ही उसने रेस्तरां में

चारों तरफ नजर दौड़ाया... उसकी आंखों का सूनापन बाहर आने लगा... उसके भीतर का लावा ज्वालामुखी बनकर बाहर निकल पड़ा... खुद को काबू करने की कोशिशों में वह बुरी तरह थरथराने लगी... उसकी थरथराहट से मेज भी डगमग-डगमग होने लगी... जैसे कोई जलजला आया हो। टेबल पर रखे कांच की गिलासें छनाक की आवाज के साथ गिर कर टूट गईं और किरिचें फर्श पर इधर-उधर बिखर गईं। जमीन पर चारों तरफ पानी फैल गया। पास ही खड़ा वेटर दौड़कर आया और बिखरे शीशे के टुकड़े बटोरने लगा। लोग अचकचाकर उनकी तरफ देखने लगे।

शायद वेटर के आगमन से या तब-तक खुद पर काबू पा लेने से, वह शांत होने लगी थी। उसे इस बात का एहसास हो गया था कि उसकी प्रतिक्रिया कुछ ज्यादा ही तल्ख है। इसलिए खुद पर तो काबू कर लिया उसने, लेकिन ऐसे मौकों पर अनैच्छिक मांसपेशियों द्वारा दी जाने वाली प्रतिक्रियाओं पर जोर चला है किसी का, जो उसका चलता। छाती धौंकनी की तरह चलती रही। उखड़ी सांसों के साथ वह बोली- हम काम की बातें करें। मेरे पास फालतू बातों के लिए वक्त नहीं। रहा सवाल मैं क्या पहनूं या न पहनूं, यह मेरी मर्जी है। इसके लिए मुझे किसी को कोई जवाब देने की जरूरत नहीं... समझे! मुझे धूप तीखी लग रही थी, इसलिए मैंने यह पहन लिया। मेरी मर्जी, मैं बुर्का पहनूंगी, तुम्हें कोई ऐतराज!

अरे सीधे क्यों नहीं कहतीं मैम, काली हो जाएंगी। लेकिन एक बात बताऊं... कसम खाने वाले अंदाज में गले पर हाथ रखता पूरी नाटकीयता के साथ आफताब बोला- आप इतनी गोरी हैं कि आफताब भी, ये नहीं! तौबा-तौबा मैं चीज ही क्या हूं। आसमान की तरफ ऊंगली उठाता हुआ वह बोला- वो... जिसे बहुत गुरूर है, अपनी चमक और तेज का, वह भी आपके सामने फीका पड़ जाए। वह क्या जलाएगा आपको। कभी आईने में देखा है अपना चेहरा। मैं बताऊं, हटा दीजिए यह हिजाब और आंखों पर चढ़ी ये काली पट्टी... आई मीन चश्मा मैम। फिर देखिए कितनी हसीन हैं आप और दुनिया कितनी रंगीन। इस काले चश्मे ने ही आपकी दुनिया श्वेत और श्याम कर रखी है। आपका यह ड्रेस देखकर लगता है कि तालीबानी फतवे से डरी कोई लड़की या फिर किसी ऐसे दकियानूसी अफ्रीकी देश की वाशिंदा, जहां आज भी लड़कियां गुलामों से बदतर जिंदगी जी रही हैं...

फिर अफ्रीकी देश... यानी तंजानिया...

और गुस्से का तेज भभूका छूटा... इस बार ज्वालामुखी रुका नहीं, आकाश को पार कर गया था, इस रौद्र रूप से डरकर सूरज बादलों के पीछे जा छिपा था, तेज हवा का बवंडर सबकुछ को अपने आगोश में लेता जा रहा था- तुम

जैसे लुच्चों को मैं अच्छी तरह जानती हूं, गोरी चमड़ी देखी नहीं कि बस मारा झपट्टा... लपलपाने लगी जीभ। काट डालो... काट डालो मुझे भी... कर डालो मेरे टुकड़े-टुकड़े... मैं यहां पब्लिक प्लेस में कोई टंटा खड़ा करना नहीं चाहती, इसलिए चुप से यहां से निकल लो तुम... समझे! पैर पटकती वह वहां से उठकर चल दी।

बवंडर ने आफताब को अपने घेरे में ले लिया था... सब तरफ धुंधला... धुंधला और फिर अंधेरा... जब तक वह उस बवंडर से निकला, तब तक प्रीति अपने कार में बैठ चुकी थी... ओह... नो... आफताब सिर पर पैर रखकर प्रीति के पीछे भागा- तुम कब समझोगी प्रीति मैं सच में दिलो-जां से तुम्हें प्यार करता हूं... लेकिन सुननें के लिए वहां था कौन! प्रीति तो कब की उड़नछू हो चुकी थी।

---

उधर साल की सर्वश्रेष्ठ मार्केटिंग टीम चुनी जाने की प्रक्रिया शुरू हुई और इधर टीम मैनेजर मिस्टर भट्टाचार्य शुरू हो गए। इस बार भी ट्रॉफी हाथ से गई। फिर ट्रॉफी ले जाएगा वह शर्मा... मैं तो समझ ही नहीं पा रहा हूं कि यह टीम काम कर रही है या मजाक... हो क्या रहा है यहां... सिर्फ एक सदस्य ने ही टारगेट हासिल किया है... टारगेट ही नहीं पाया, बल्कि दो सदस्यों के लक्ष्यों के बराबर पहुंची है... इस साल भी सबसे ज्यादा बार बेस्ट एम्प्लाई ऑफ द मंथ रही है... तो जाहिर है, इस बार की भी सर्वश्रेष्ठ एम्प्लाई वही घोषित होगी। अगर यह लड़की अपना टारगेट अचीव कर सकती है, तो तुमलोग क्यों नहीं? लेकिन मेहनत और लगन से काम करो तब न... तुम लोगों को तो बस... आखिरी हफ्ता बचा है... अगले हफ्ते रिपोर्ट समिट होनी है... हर हाल में मुझे रिजल्ट चाहिए... रिजल्ट... झल्लाते हुए मिस्टर भट्टाचार्य बाहर निकल गए।

अब सबकी निगाहें टिक गई प्रीति पर। उसी प्रीति पर, जिसे कोई प्रीति कहता ही नहीं था, सब उसे प्रिटी बोलते थे। इसलिए नहीं कि वह प्यारी थी, इसलिए क्योंकि वह इतनी गौरवर्णी थी कि लोगों को यह भ्रम हो जाता था कि वह भारतीय नहीं है।

यार प्रिटी कैसे कर लेती है तू यह सब, हमें भी टिप्स बता न... सब उसकी खुशामद में लग गए।

हां यार, हमसे भी अपनी स्ट्रेटजी शेयर कर न... तेरा कुछ थोड़े ही बिगड़ेगा, तू तो पिछले तीन साल से बेस्ट इंप्लाई ऑफ द ईयर बनती आ रही है... और यह भी तय है कि इस बार भी तू ही बनेगी... यही वजह है कि हर टीम हेड तुझे ही अपनी टीम में लेने को बेकरार रहते हैं। किस्मत के मारे तो हम हैं, जिसे कोई पूछता ही नहीं...

हां यार, वह गुरुमंत्र हमें भी बता न...

प्रीति ने कुछ बोलने के लिए मुंह खोला ही था कि शबनम बोल पड़ी- क्या स्ट्रेटजी और क्या तंत्र-मंत्र... इन सबसे कुछ नहीं होता। वह तो इसकी चमड़ी का कमाल है। नहीं तो हमलोगों ने कौन-सी स्ट्रेटजी छोड़ रखी है... मगर क्या उखाड़ लिया... इन सबसे कुछ नहीं होता... हमारे देश में हमेशा से 'अतिथि देवो भवः' की परंपरा रही है। इसलिए गोरी चमड़ी वालों को देखते ही बिछ जाते हैं हम। याद नहीं है, चार सौ सालों तक हम इसी गोरी चमड़ी के गुलाम रहे।

छोड़ो इतिहास को, अभी हम क्या कर रहे हैं, बहुत दिन नहीं हुए... देखा नहीं था क्या, कैसे हम पूरा देश एक गोरी चमड़ी वाली को तश्तरी में परोसकर देने को दंडवत हो गये थे। वह तो भला हो देश के कुछ स्वाभिमानियों का, जिनका जमीर अभी तक पूरी तरह से भारतीय है, उनके आंदोलनों से घबराकर उस गोरी चमड़ी वाली ने खुद ही अपने आप को रोक लिया। यह कहते हुए वीरेन का चेहरा गर्व से अकड़ता जा रहा था- याद है एक नेता ने तो यहां तक कह दिया था कि जब तक देश में एक भी गोरी चमड़ी वाला सत्ता में रहेगा, देश का विकास संभव नहीं है।

हां वीरेन, तुम ठीक कहते हो, यह हमारी दास मानसिकता ही है, जिसने पहले सदियों तक हमें मुसलमानों का गुलाम बनाए रखा और उसके बाद इन गोरे अंग्रेजों का- झनझनाती राशि बोली।

तब से चुप सागरिका अचानक बोल उठी- मुसलमानों की तो छोड़ो यार, वे कम से कम हमें मानसिक दास तो नहीं ही बना पाए। मगर ये गोरी चमड़ी वाले आज भी हमारे दिलो-दिमाग पर छाये हैं। पता है, मेरी एक पड़ोसन है। वह घरेलू किस्म की देहाती औरत है। मेरे कमरे के बगल में नये-नये आए किरायेदार के बारे में जब उसे पता चला कि लड़की हिंदू है और मुस्लिम से शादी कर ली है तो बड़ी दुखी हुई। मुझसे कहने लगी, और कोई नहीं मिला उसे! नाक कटवा दी। धर्म भ्रष्ट कर दी। आजकल की लड़की का क्या कहूं... फिर अचानक चिंतामग्न हो उठी, बोली, मेरी भी एक बेटी है। पढ़-लिख रही है। डर लगता है कहीं ऐसा ही कुछ... हे भगवान! किसी अंग्रेज-वंग्रेज से कर ले तब तो ठीक है। मुसलमान नहीं।

आफताब ने पूछा, क्यों अंग्रेज भी तो अलग धर्म का ही होता है... तो वह तपाक से बोली, विदेशी से शादी करने से तो और इज्जत बढ़ जाती है। मेरे गांव के एक लड़के ने एक अमेरिकी लड़की से शादी की है। अमेरिकी मेम। दपदप करती है। पूरा गांव देखते रह गया था। सब जल रहे थे उसकी किस्मत से। तो समझ गए न, जब ऐसे लोगों से शादी करके इज्जत बढ़ जाती है तो इनसे

बिजनेस टर्म बनाकर, इस बहाने घर ऑफिस में इनका आना-जाना दिखाकर सीना गर्व से तो फूल ही जाएगा। तो बस प्रिटी रानी को धड़ाधड़ मिल जाते हैं क्लाइंट। साले फूलिश इंडियन...

वीरेन फिर बोल उठा- सही है यार, मुट्ठी भर लोगों के विरोध से क्या होना है... सच तो यह है कि आज भी बहुसंख्यक भारतीय इनके जैसे कपड़े पहनना, इनके जैसा दिखना, इनसे दोस्ती हो जाना, रिश्ता बन जाना आदि को एक बड़ी उपलब्धि मानते हैं। और ऐसा होने पर इतराते फिरते हैं। तो ऐसे लोगों के लिए किसी फॉरेनर का क्लाइंट बनना भी उनके रेपुटेशन और गर्व में इजाफा ही करता है। फिर प्रिटी का टारगेट पूरा न हो तो फिर भला किसका हो...

अचानक बहस दूसरी दिशा में जा मुड़ी थी।

उनकी बातें सुनकर प्रीति का सफेद चेहरा और सफेद हो गया था। वह चीख-चीखकर कहना चाहती थी, मैं अंग्रेज नहीं, भारतीय हूं... तुम सब जैसी सामान्य लड़की... लेकिन वह चुप रही, क्योंकि यह बताने के बाद ये भी बताना पड़ता कि फिर वह ऐसी क्यों है और वह यह बताना नहीं चाहती थी... साथ ही यह भी जानती थी कि उसकी कोई सुनेगा नहीं।

ऐसा ही कुछ हुआ था न उस दिन भी, जब वह पुरी में जगन्नाथजी के मंदिर में जाने के लिए लाइन लगाए खड़ी थी... मैम शायद आपने बोर्ड नहीं पढ़ा, इस मंदिर में विदेशी और नन-हिंदू को अंदर जाने की अनुमति नहीं है।

वह जानती थी इस कायदे को... इसलिए आफताब को समुद्र किनारे ही छोड़ आई थी। वह बेचारा दिल्ली से ही ऑफिशियल टूर पर उसके साथ था। प्रीति बोली मुझे पता है... आपको कोई ऐतराज... लाइन में लगी औरतें भुनभुनाती रहीं। वह उन्हें इग्नोर कर चुपचाप खड़ी रही। जब मुख्य द्वार के पास पहुंची, तो प्रबंध समिति के लोगों ने रोक दिया- मैडम प्लीज...

क्यों?

उल्टे आप मुझ ही से पूछती हैं क्यों? आंखों पर काला चश्मा क्या चढ़ा लिया आपने, आप समझती हैं हमें धोखा दे देंगी। हम सब अंधे नहीं हैं, कि आपको अंधी समझ लें।

मैंने कब कहा कि मैं अंधी हूं?

...तो फिर जान-बूझकर अनजान बनने की कोशिश क्योंकर... यहां मोटे-मोटे अक्षरों में लिखा है, दिखता नहीं? साइन बोर्ड की तरफ इशारा करता हुआ वह बोला।

दिखता है, लेकिन मैं हिंदू हूं और भारतीय भी। हिंदू धर्म में मेरी आस्था भी गहरी है, इसलिए मैं यहां आई हूं।

क्यों आप हमारा वक्त बरबाद कर रही हैं मैडम! एक बार बोल दिया न... आप शुद्ध हिन्दी बोलकर हमें झांसा नहीं दे सकतीं...हम आपको अंदर नहीं जाने देंगे... फर्राटे से हिन्दी बोल लेने भर से कोई हिन्दुस्तानी थोड़े ही हो जाता है।

प्रीति के पीछे भीड़ काफी लंबी होती जा रही थी। लोगों का सब्र का बांध टूटता जा रहा था। दो महिला कांस्टेबल भी प्रीति के पास आ गईं और बोलीं- मैडम क्यों फालतू में तमाशा खड़ा कर रही हैं और उसे अपने साथ खींच कर ले जाने लगीं। प्रीति चिल्ला रही थी, मेरा ड्राइविंग लाइसेंस देख लो, मेरा वोटर आईडी कार्ड देख लो, ऑफिस से मिली मेरी पहचान पत्र देख लो। सब चीख-चीखकर कहेंगे, मैं भारतीय हिंदू हूं। लेकिन प्रीति की इस फरियाद का असर वहां उपस्थित किसी भी आदमी पर नहीं पड़ा। उल्टे एक पंडितनुमा आदमी बोला- मैडम ऐसे-ऐसे आई कार्ड पांच-पांच सौ में बनते हैं। कितने चाहिए बोलिए... और फिर व्यंग्य से हंसता हुआ बोला- कमीने पहले मंदिर में घुसेंगे फिर झूठ-सच की कमियां, अव्यवस्था, भ्रष्टाचार, अंधविश्वास और न जाने क्या-क्या गिनवा कर सर्वे रिपोर्ट, रिसर्च रिपोर्ट, स्पेशल रिपोर्ट सरेआम करेंगे। हमें और दुनिया के सिरमौर महान भारतीय संस्कृति को बदनाम करने की साजिश है यह... विदेशियों की चाल... हम इन्हें कभी कामयाब नहीं होने देंगे....

कुछ अन्य लोग भी जोश में चिल्लाये- सीमा पार करा के ही आना और दुबारा घुसने ना पाए, ध्यान देना। सैकड़ों साल बेवकूफ बनाया इन लोगों ने हमें... अब और नहीं...

सिर्फ यहीं क्यों? ऐसा तो कई बार हो चुका है...

और हफ्ते भर बाद मिस्टर भट्टाचार्य खुशी से नाच रहे हैं, क्योंकि मिस्टर शर्मा की टीम से उनकी टीम में आई प्रीति की उपलब्धियों के चलते वह न सिर्फ बेस्ट एम्प्लाई बनी, बल्कि मिस्टर भट्टाचार्य को भी नंबर वन टीम की ट्रॉफी मिली है। आज सबके अट्रैक्शन का केंद्र प्रीति ही है, तब भी वह कुछ इसी तर्ज पर सोच रही है।

यह भी तो एक और पुरी ही है। कंपनी ने इस मुबारक मौके पर अवॉर्ड स्वरूप पूरी टीम को आगरे का दो दिनों का होलीडे टूर पैकेज दिया है। पूरी टीम जश्न के लिए आगरे में है। और सबसे पहला प्रोग्राम तय हुआ है दुनिया के सात अजूबों में से एक मोहब्बत के ताज के दीदार का...

टिकट कटा कर आफताब ले आया था। प्रीति और टीम की दूसरी लड़कियां, महिलाओं की लाइन में लगी थीं और आफताब समेत बाकी लड़के पुरूषों की पंक्ति में। प्रीति के आगे लगभग 500 लोग लगे थे। धूप भी चिलचिला रही थी। वैसे भी उससे गर्मी बरदाश्त कहां होती है, उस पर से इतनी लंबी लाइन... तपती

जेठ की दुपहरी का पल-पल उसके लिए असह्य था। अब तो उसे खड़े-खड़े आधे घंटे होने को हो आए थे। आंखों के आगे अंधेरा छाने लगा था। तभी उसके पास महिला सेक्यूरिटी गार्ड आई और बोली- मैडम! आप इस भीड़ में क्यों खड़ी हैं! विदेशियों को उधर से एंट्रेंस दिया जा रहा है... उधर की लाइन में हमेशा दो-चार लोग ही होते हैं... आप उधर से चली जाइए।

प्रीति को लगा अचानक किसी ने जोर का तमाचा जड़ दिया। खुद को संयत करती तब भी उसने सेक्यूरिटी गार्ड को यही कहा, मैं भारतीय हूं, लेकिन कहां सुनी गार्ड ने। पीछे से भी औरतें हल्ला करने लगीं। एक तो पहले से ही इतनी भीड़ है... गर्मी से हमारी हालत खराब हो रही है... उस पर से पता नहीं, कहां-कहां से ये विदेशी हमारी लाइन में आकर और भीड़ बढ़ा देते हैं। मालूम नहीं, इन्हें क्या मिलता है हमें परेशान करके... कहने पर भी लाइन से हट नहीं रही है... जरा देखो इस ढीठ लड़की की गलथोथी... प्रीति के लाख कहने के बावजूद सेक्यूरिटी गार्ड ने उसे उस लाइन से निकाल ही दिया।

मजबूरन उसे विदेशियों के एंट्रेंस से अंदर जाना पड़ा। उसके अंदर पहुंचने के आधे घंटे बाद कहीं जाकर पूरी टीम अंदर दाखिल हुई... मस्ती के मूड में आफताब ने कहा- क्या बात है प्रिटी जी, आपके तो जलवे हैं! ऑफिस में भी नंबर वन और यहां भी बिना लाइन लगे एंट्री। इसी को कहते हैं, हींग लगे न फिटकिरी रंग आए चोखा, काश! हमारी किस्मत भी ऐसी होती।

आफताब के इस कमेंट पर वह भीतर तक लहर गई थी।

मोहब्बत के मजार पर बैठकर उसने आफताब से कहा था- क्या सुनना चाहते हो, सुनो! सच यह है कि ये मेरा सम्मान नहीं, मजाक है... मजाक। देखने में तो इज्जत बख्शने जैसा लगता है, लेकिन झांककर देखोगे तो इसमें कहीं अपनेपन का भाव नजर नहीं आएगा... विलगाने का आएगा... अलग करने का... ऐसे दोनों तरह के मजाक से मेरा रोज पाला पड़ता है... कभी पुरस्कृत करने का और कभी तिरस्कृत करने का... लेकिन इनके पीछे छिपा एक ही भाव है कि तुम हम जैसी नहीं हो... और इस समाज में रहना चाहती हो, तो तुम्हें हम जैसा होना ही होगा... तुम नहीं समझ सकते इस दर्द को... तुम जैसे लोग तो यह समझते हैं कि चंद ऐसे फायदों के लिए मैं मरी जा रही हूं... लेकिन आफताब इसके बाद भी मैं अपने वतन, अपनी मिट्‌टी से बहुत प्यार करती हूं। लेकिन ये लोग हमेशा मेरी विश्वसनीयता, मेरी पहचान और मेरी मोहब्बत पर सवालिया निशान लगा देते हैं। जफर अली की गायी और सबा अफगानी की लिखी यह गजल तो तुमने सुन ही रखी होगी... जिंदगी की राहों में रंजोगम के मेले हैं... भीड़ है कयामत की और हम अकेले हैं... ठीक वही हाल हमारा है... तुमने देखा मुझे मेरे गम

मेरी परेशानियों में भी भीड़ के साथ नहीं रहने दिया जाता है... गम में भी साथ रहने का सुख नहीं देना चाहते ये... गम भी छीन लेते हैं मुझसे कि कहीं इसी बहाने यह हम-सी न हो जाए...

आफताब बोला- सिर्फ तुम ही क्यों प्रीति, इस देश में कई लोग ऐसे हैं, जो इस दंश को झेल रहे हैं... वे जिन्हें अपना समझते हैं, उन्हें ही उनका साथ पसंद नहीं... उनकी निगाहों में हमेशा सवाल होता है... मैंने तो अब इनकी परवाह ही करनी छोड़ दी है... मेरे ठेंगे से...

पता नहीं आफताब की इस बात में क्या था कि अपने आप को हमेशा कठोर बनाए रखने वाली प्रीति पहली बार पिघली थी... उसकी आंखों ने उसके दिल में जमी जहर को रास्ता दे दिया था... अविरल बहती अश्रुधार में संगमरमरी पत्थर से बना मोहब्बत का वह पाक मजार पिघल रहा था... कंटीली धूप को हटाकर आसमान में बादल उग आए थे... उमड़-घुमड़ कर जोर का गर्जन कर रहे थे, वे आज पूरी धरती को पिघलाने को आतुर लग रहे थे।

अचानक प्रीति फट पड़ी- तुम्हें कुछ पता भी है आफताब... जिंदगी किताबों से अलग होती है... ऐसे वेदवाक्य सुनने में तो अच्छे लगते हैं, लेकिन जिंदगी ऐसी अंतहीन सुरंगों से होकर गुजरती है। उस खोह की अथाह कालिमा में नुकीली पत्थर की लहूलुहान करने वाली टेढ़ी-मेढ़ी कई पगडंडियां तो मिलती हैं, लेकिन बाहर निकलने का कोई रास्ता नहीं मिलता... चक्करघिन्नी ही काटता रह जाता है आदमी... तुम ही बताओ मैं क्या करूं... वह रूआंसी हो आई... एक बार मैं अपने अपार्टमेंट जाने वाले रास्ते में घुसी तो देखा रास्ता जाम है। एक ट्रक वाले ने गाड़ी को इस तरह से टेढ़ा कर लगा रखा है कि बिना ट्रक हटाए दूसरी गाड़ी अंदर जा ही नहीं सकती। मैंने ट्रक वाले से विनती की कि वह ट्रक को साइड कर ले। उसने कहा कि माल अनलोड हो रहा है बिना अनलोड किये वह ट्रक को नहीं हटाएगा। तभी उधर से गुजरती एक अधेड़ महिला मेरे कार के पास खुद-ब-खुद आकर हमदर्दी जताने लगी- ये ट्रक वाले बड़े हरामी होते हैं स्साले... किसी की नहीं सुनते और चिल्लाकर ट्रक वाले से कहा- थोड़ी देर के लिए हटा क्यों नहीं लेते।

वह बोला- उन्हें ही कहिए दूसरे रास्ते से चली जाएं।

मैंने दूसरा रास्ता देख नहीं रखा था। सो, बेसाख्ता मेरे मुंह से निकल गया- दूसरे रास्ते का नहीं पता...

वह महिला भी मेरी सुर में सुर मिलाती हुई बोली- रात के 11 बजे हैं, बेचारी इस वक्त कहां दूसरा रास्ते ढूढ़ती फिरेगी। बोल तो रही है कि सामने वाले अपार्टमेंट में जाना है। एक मिनट के लिए किनारे कर ले...

ट्रक वाला भी पूरी ढीठाई से बोला तो फिर उन्हें कहिए कि माल अनलोड होने तक वहीं खड़ी रहे।

मेरी तरफ मुड़ी तो वह बड़े प्यार से, लेकिन मेरे चेहरे पर नजर पड़ते ही सारी हमदर्दी उड़नछू हो गई। उसका चेहरा सख्त हो आया। बड़ी रुखाई से बोली- हां, तुझे कहां से पता होगा दूसरा रास्ता। इस मोहल्ले की होती, तब न मालूम होता। मोहल्ले की छोड़, तू तो इस देश की ही नहीं है। तुझे तो यहां की एबीसीडी भी नहीं पता होगी। मेरी तो समझ में यही नहीं आता कि तुमलोगों को अब भी यहां आने की आखिर जरूरत क्या है? सैकड़ों साल हमारे देश को गुलाम बनाये रखकर भी मन नहीं भरा क्या? अब तो मान लो मैडम कि ये हमारा देश है और ये इलाका भी हमारा है- हूंह! बोलती वह वहां से चली गई।

बादलों को हटाकर सूरज ने एक बार फिर आसमान पर अपना आधिपत्य जमा लिया था... लेकिन अब वह ढलान पर था... लेकिन उसकी तपिश बरकरार थी... गर्मी से एक बार फिर प्रीति बेहाल होने लगी थी... वह बार-बार पानी पी रही थी... दोनों का मन भारी हो गया था... तवील खामोशी के बाद इस जड़ता को एक बार फिर प्रीति ने ही तोड़ा... क्या हुआ आफताब... किन ख्यालों में गुम हो गए... अभी तो कहने को बहुत कुछ है मेरे पास... यह भी सुन ही लो... तुम्हारे कलेजे को ठंडक पड़ जाएगी... जब कंपनी का कोई प्लान लेकर मैं कहीं जाती हूं, तो लोग उस ऑफर को सिर्फ इसलिए एक्सेप्ट नहीं करते, क्योंकि उन्हें वह पसंद आया होता है या मेरी बातों से कंविंस होते हैं। यह सब बातें तो हमारे अन्य सहयोगियों पर भी मेरे जितने ही लागू होते हैं। वह इसलिए स्वीकार करते हैं, क्योंकि मेरे साथ अन्य भी कई वजहें जुड़ी हैं... बहुत सारी तो तुम बहसों के दौरान किसी देशभक्त के मुंह से मारे जाने वाले तानों में सुनते ही रहे हो... और सुनो क्या मजे की बात है... देशभक्ति भी एक वजह है... कई लोग तो इसलिए मेरे क्लाइंट बन जाते हैं कि विदेशी होकर भी मैं भारत से इतना प्यार करती हूं कि यहीं रच-बस गई हूं... भारतीय सभ्यता और संस्कृति में इस कदर घुल-मिल गई हूं... इतना अच्छा हिन्दी बोलती हूं... समझे! सुना नहीं था तुमने उस दिन शबनम क्या कह रही थी- हां... हां... अब यहीं पैदा हुई है, न जाने कितनी पीढ़ियों से यहां रह रही है तो जाहिर है कि इसके अंग-अंग से भारतीयता तो झलकेगी ही।

तुम्हें यह भी याद होगा कि आनंद ने कितने व्यंग्य-भाव से कहा था- सरकार से गोरे कैसे खत्म होंगे, इन्हें तो शासन में भी हिस्सेदारी दी जाती है... वह भी चांदी के चम्मच में परोसकर... हमारे हुक्मरानों ने अपनों के लिए तो चुनाव की व्यवस्था कर रखी है, लेकिन इन गोरों के लिए सीटें रिजर्व कर रखी है... चाहे

कोई सरकार आए जाए दो सीट तो इन्हें मिलनी ही है, वह भी बगैर कोई चुनाव लड़े... आज भी हमारे देश के भाग्यविधाताओं को लगता है कि शासन चलाना तो गोरों के वश का ही है और हम उनकी हिस्सेदारी के बिना शासन कर ही नहीं सकते।

आफताब ने बात बदल कर कहा, चलो यार कुछ खाते हैं...

बड़ी तल्खी से प्रीति ने कहा था- क्यों, तुम्हें भी मुझ से सहानुभूति हो रही है। खाना तो मैं अकेली ही खाती हूं और अकेली ही खाऊंगी... तुम्हें मुझसे हमदर्दी दिखाने की जरूरत नहीं... पहले मेरे साथ कोई खाता नहीं था, अब मैं किसी के साथ खाना नहीं चाहती... कहते-कहते उसकी आंखों में आंसू आ गए थे।

आफताब किंकर्तव्यविमूढ़ होकर उसे देख रहा था और वह शून्य में तकती बजरिये अपनी आंखों के अपने भीतर एक नई दुनिया रचती जा रही थी। आंसू सूख चुके थे... प्रीति ने खोये-खोये ही पलटकर देखा- पीछे यमुना नदी के किनारे सूरज गुरूब हो रहा था... सूरज के ठीक बगल में एक बंदर खड़ा था। लड़के हो... हो... कर उस बंदर के पीछे दौड़ रहे थे। बंदर अपनी जान बचाने के लिए इधर-उधर भाग रहा था। बंदर को जान बचाने की कोशिश करते देख प्रीति खुद को और ज्यादा अवसादग्रस्त महसूस करने लगी थी। प्रीति की नजरों का पीछा करते-करते आफताब ने जब देखा कि उसकी नजर बंदर पर टिकी है, तो वह उसका ध्यान बंटाने की गर्ज से बोला- जानती हो प्रिटी, एड्स जो आज दुनिया के लिए भयावह बीमारी बनी हुई है, उसका एचआईवी वायरस कहां से आया है... इन्हीं बंदरों से। अफ्रीका के जंगलों में रहने वाले बंदरों की मार्फत पहले यह अफ्रीकी महादेश के मुल्कों में फैला और अब पूरी दुनिया के लिए जानलेवा बन गया है। आतंक का पर्याय...

आतंक का पर्याय... अफ्रीकी देश... यानी तंजानिया... वह सिहर गई... खुद को ऐसे सिकोड़ लिया जैसे कोई उसे पकड़ने आ रहा है... तभी एक लड़के के हाथ में बंदर की पूंछ आ गई। वह जोर की चिहुंकी, जैसे किसी ने उसे दबोच लिया हो... बचने के लिए बंदर जोर से खीं... खीं... कर भागा। उसके साथ प्रीति भी भागी। भागती-भागती वह 21 साल का सफर तय कर गई। उसने सहमते हुए सावधानीवश एक बार फिर पलटकर देखा- कहीं उसके साथ कोई आया तो नहीं...! बहुत चिपकू है आफताब... वह जरूर आ गया होगा... कहीं यह राज खुल न जाए...

छह साल की एक लड़की अपने पालतू कुत्ते टफी के साथ खेल रही है। थोड़ी ही दूर पर मम्मी गेहूं सुखाने में लगी है। अचानक वह लड़की मम्मी की गोद में आ बैठी। मम्मी देखो न टफी की पूंछ का रंग, बिल्कुल मेरे जैसा है, है न?

हूं...

मम्मी टफी की पूंछ तो सब सहलाते हैं, इसे सब गोद में भी लेते हैं। पहले मुझे भी कितने प्यार से सब गोद लेते थे, जब से स्कूल जाना शुरू किया है, तभी से कोई प्यार नहीं करता। कोई गोद नहीं लेता...

मम्मी अवाक उस लड़की का चेहरा देख रही हैं। बेटा ऐसा नहीं है, तुम्हें गोद तो लेते हैं सभी... मैं, पापा...

बस और तो कोई नहीं लेता न... रूबी को तो सब लेते हैं...

छोड़ न बेटी, ये सब बेकार की बातें हैं। मम्मी उस लड़की से आंखें चुरा रही हैं- चलो पढ़ाई करते हैं...

लेकिन वह लड़की पढ़ाई नहीं करना चाहती। किताब खोलते ही जिंदगी की किताब जो खुल जाती है उसके सामने। 'क' कमल में बदल जाता है तो 'ख' खुशी में। जितने अक्षर उतने सहपाठी... उसकी आंखें भर आती हैं... सहपाठी... सिर्फ सहपाठी... मगर कोई साथी क्यों नहीं...

मम्मी उसका स्कूल बैग खोल रही है, किताबें निकालने के लिए। लेकिन हाथ में आ जाता है लंच बॉक्स...

प्रीति तूने आज भी लंच नहीं किया? आज तो तेरा फेवरेट लंच दिया था मैंने पनीर पराठा... फिर क्यों नहीं खाया बेटा...

वह लड़की मां से जिद कर रही हूं... नहीं खाऊंगी... नहीं खाऊंगी... कभी नहीं खाऊंगी...

लेकिन क्यों बेटी...

क्योंकि अकेले लंच करना मुझे अच्छा नहीं लगता... खाना गले के नीचे नहीं उतरता... बाकी सारे बच्चे तो एक-दूसरे से लंच शेयर करते हैं। साथ मिलकर खाते हैं, मगर मेरा लंच कोई छूता तक नहीं है, न अपने लंच को हाथ लगाने देता है... सब कहते हैं कि मेरा रंग...

वे सब बकवास करते हैं बेटे, तू उन पर ध्यान मत दे... तू अपनी पढ़ाई पर कंसन्ट्रेट कर... इग्नोर कर ये सब...

कैसे इग्नोर करूं मम्मी... मैं अकेले खा ही नहीं पाती... कितना भी ट्राई करूं लंच फिनिश नहीं कर पाती...

तू टफी के साथ लंच शेयर कर... कल से भोलू हर रोज लंच टाइम में इसे लेकर तेरे स्कूल पहुंच जाया करेगा...

लेकिन टफी को लेकर जब भोलू स्कूल पहुंचा, तो सब बच्चे उसके पीछे पड़ गए... कोई उसे दौड़ा रहा है... कोई उसकी पूंछ पकड़ रहा है...

वहां टफी, यहां बेचारा यह बंदर... प्रीति ने ठंडी आह भरी।

हे प्रिटी कॉग्रेचुलेशन्स... ट्रेनिंग पीरियड से लेकर इस टीम को ज्वॉइन करने से पहले तक प्रीति जिस टीम में थी, उसके टीम मैनेजर मिस्टर जोसेफ डिसूजा जो अब सीनियर टीम मैनेजर हो गए थे, ने हैंडशेक के लिए हाथ बढ़ाया। वह भी हाथ बढ़ाना चाहती है, मगर हाथ उठ ही नहीं रहे हैं। यूं तो वह धड़ल्ले से हैंडशेक करती है। मार्केटिंग फील्ड में तो कदम दर कदम इसकी जरूरत पड़ती है। तभी कलिग का चेहरा बदलने लगा। यह क्या, ये तो कोई सहकर्मी नहीं... टफी है... और उसे हैंडशेक करना सिखा रही है मम्मी... टफी हैंडशेक टू प्रीति... सामने लाल-लाल सूजी आंखों से मम्मी को देखती प्रीति... प्रीति से आंखें बचाती मम्मी... तभी पापा घर आ गए। अरे प्रीति बेटी... कैसा रहा आपका डिबेट कॉम्पीटिशन... हमारी प्रीति से कोई जीत सकता है भला डिबेट में... ये तो अपने तर्कों से ऐसे कन्विंस कर देती है जजेज को कि...

क्लाइंट को ऐसे कन्विंस कर देती है हमारी प्रीति कि... आपने तो हमारा हीरा ले लिया मिस्टर भट्टाचार्य...

मिस्टर डिसूजा ने प्रीति की तरफ बढ़ा हाथ झट से मिस्टर भट्टाचार्य की तरफ बढ़ा दिया। प्रीति ने राहत की सांस ली और अपना हाथ नीचे कर लिया।

प्रीति बेटे तूने अपना हाथ नीचे क्यों कर लिया, देख टफी हैंडशेक कर रहा है...

टफी से हैंडशेक नहीं करना मुझे... जिस-जिस को प्राइज मिला सबसे हाथ मिलाया प्रिंसिपल सर ने... फिर मुझसे क्यों नहीं...

कहां खो गई प्रिटी?

कुछ नहीं सर वो...

बैडमिंटन टूर्नामेंट के बारे में सोच रही हो न... आई नो... बेस्ट टीम, बेस्ट एम्प्लाई की जीत मिली नहीं कि दूसरी जीत के बारे में सोचने लगती है हमारी प्रिटी... यही तो खासियत है इसकी...

तभी तो जब से ज्वाइन किया है इन दोनों फील्ड पर राज कर रही है... आई एम प्राऊड आफ यू प्रिटी...

थैंक्यू सर...

ऐसे काम नहीं चलेगा, मिठाई खिलानी पड़ेगी...

श्योर सर, चलिए कैंटीन चलते हैं...

प्रीति कैंटीन की तरफ चल दी। कैंटीन छत के दूसरे कोने में थी। लंच टाइम था और रोजाना की भांति कैंटीन में एक भी टेबल खाली नहीं था। तभी एचआर मैनेजर मिसेज रामानुजन पर डिसूजा साहब की नजर गई।

हलो मिसेज रामानुजन, हाऊ आर यू?

फाइन, थैंक्यू एंड यू?

फाइन, कैन वी शेयर योर टेबल?

या श्योर...

ओह प्रीति, कॉंग्रेचुलेशन्स डियर...

थैंक्यू मैम...

तो इस बार भी टूर्नामेंट खेलना है न... पता है बतौर गेस्ट पूर्व ऑल इंग्लैंड चैम्पियन पुलेला गोपीचंद को बुलाया है हमलोगों ने।

हां बिल्कुल... अरे वही न जो फिलहाल भारत की नंबर वन और दुनिया की नंबर दो रही महिला शटलर सायना नेहवाल के भी कोच हैं। सच मजा आ जाएगा। मैं तो उनकी बड़ी फैन हूं।

हां, वही... शेड्यूल फाइनल हो गया है... मैं लंच बाद तुम्हें मेल करती हूं...

स्पोर्ट्स डे का शेड्यूल फाइनल हो चुका है... जो-जो बच्चे भाग लेना चाहते हैं, सब फील्ड में जमा हो जाएं...

तुम? तुम क्यों आई हो यहां?

सर, मुझे भी ड्रिल में भाग लेना है...

नहीं, तुम नहीं ले सकती इसमें भाग, इसमें बार-बार एक-दूसरे का हाथ पकड़ना है, अन्य बॉडी पार्ट्स भी एक-दूसरे से कई बार टच होंगे... सारे बच्चों को श्रापग्रस्त तो नहीं बना सकते हम तुम्हारे चक्कर में...

मम्मी मैं शापग्रस्त हूं? मुझमें जो सटेगा वह भी शापित हो जाएगा?

नहीं बेटे, बिल्कुल नहीं...

सर ने तो ऐसा ही कहा... वे मुझे ड्रिल में भी भाग नहीं लेने दे रहे हैं...

मैं बात करूंगी सर से...

मम्मी ने बात की, मगर सर समझे नहीं। हां, मम्मी जरूर समझ गई कि ड्रिल में भाग न ले पाने का यह अपमान और पीड़ा का दंश आखिरी बार नहीं है। पर उन्होंने इसे आखिरी बनाकर ही दम लिया।

बेटा तू शटलर बन...

क्यों?

...क्योंकि बेटे असल में तू खेल से प्यार करती है। और, ये ड्रिल-व्रिल न बस बच्चे करते हैं... किसी बड़े को देखा है यह सब करते हुए?

नहीं...

लेकिन बैडमिंटन तो बड़े भी खेलते हैं... इसमें प्राइज मिलता है, नाम होता

है, अपना भी और स्कूल, कॉलेज, तू जहां नौकरी करेगी, उस संस्थान का और अगर बहुत अच्छा खेल पाई तो पूरे देश का नाम रोशन करेगी...

मम्मी और भी न जाने क्या-क्या बताती रही, मगर यह न बता पाई कि यह मजबूरी का विकल्प है... क्योंकि इसे खेलने में किसी को मैं टच नहीं करूंगी, इसलिए सर को एतराज नहीं होगा...

मगर सर को फिर भी एतराज हुआ...

हाथ से शटल तो छुएगी...

सर, आप भूल रहे हैं कि यह धूप में एक पल के लिए भी निकले तो ऊपर से नीचे तक खुद को ढंककर रखना इसकी मजबूरी होती है... जाहिर है खेल के दौरान भी वह दास्ताने के साथ होगी और तब कॉर्क तो दास्ताने से सटेगा, इसके हाथ से नहीं... और रही बात रैकेट की तो वह आप इसे स्कूल से इश्यू मत करियेगा... ये अपने पर्सनल रैकेट से खेलेगी...

अचानक प्रीति के हाथों को जैसे करंट लगा...

कहां ध्यान है मैडम... कब से बधाई दे रही हूं... यह कैंटीन की मालकिन मिसेज चड्ढा थीं।

थैंक्यू...

मैडम, आज आखिरी बार मेरे कैंटीन की कॉफी पी लीजिए... टर्म पूरा हो गया न... अब अगले तीन साल के लिए कॉन्ट्रेक्ट उस मिसेज चावला को मिल गया है... बॉस की चमची है न... उसका बिजनेस भले ही बड़ा हो मैडम, लेकिन मेरे जैसी क्वालिटी कोई नहीं दे पाएगा... लेकिन ये सब कौन समझता है... कोई भूल-चूक हो गई हो तो माफ कर दीजिएगा... आज यहां मेरा आखिरी दिन है मैडम...

आज इस स्कूल में मेरा आखिरी दिन है मम्मी?

किसने कहा?

ज्योग्रॉफी वाले सर कह रहे थे...

हां...

क्यों मम्मी?

x x x

मम्मी बोलो न... चुप क्यों हो, क्यों हर एक-दो साल पर मेरा स्कूल बदल देती हो? बाकी बच्चे तो एक ही स्कूल से अपनी पढ़ाई पूरी करते हैं... और इस स्कूल में तो मेरा साल भी पूरा नहीं हुआ है... पहले भी दो-तीन बार जल्दी-जल्दी स्कूल बदलवा दिया था मेरा... ऐसा क्यों करती हो मम्मी?

यह स्कूल ठीक नहीं है...

ठीक तो है, क्या खराबी है इसमें?

यहां की पढ़ाई अच्छी नहीं है...

अच्छी तो है...

तुम्हें क्या पता? तुम्हें तो जो पढ़ाया जाएगा, वही ठीक लगेगा न बेटे... मैंने तुम्हारे होमवर्क की कॉपियां चेक की है, बहुत गलती रहती है, इसलिए... तुम इन बातों को अभी नहीं समझोगी... बहुत छोटी हो न... ये तो मम्मी लोगों को पता चलता है कि कौन-सा स्कूल ठीक है और कौन सा नहीं... जब तू मम्मी बनेगी, तब समझेगी बेटी... यह कहते-कहते मां की आंखें भीग आई थी।

एडमिशन के बाद क्यों पता चलता है? पहले ही क्यों नहीं पता कर लेती हो कि कौन-सा स्कूल ठीक है...

तब कहां कह पाई थी मम्मी कि स्कूल तो ठीक है बेटी, मगर तुम ठीक नहीं हो उनके हिसाब से, इसलिए वे निकाल देते हैं तुम्हें, कभी दूसरे पैरेंट्स के प्रेशर में, तो कभी अपनी अंधविश्वासी और दकियानूसी ख्यालात की वजह से... बस चुपके से आंचल ठीक करने के बहाने प्रीति से नजरें बचाकर अपना आंसू पोछ लिया था।

मम्मी उससे यह सब तब कह पाईं, जब प्रीति ने दसवीं कर ली और पूरे जिले में सबसे ज्यादा नंबर लानेवाली स्टूडेंट को ग्यारहवीं में एडमिशन कहां दिलवाएं मम्मी यह सोच ही नहीं पा रही थी, क्योंकि इस एरिया के सारे स्कूल तो प्रीति पहले ही नाप चुकी थी। बहुत माथापच्ची के बाद भी जब मम्मी की समझ में कुछ नहीं आया और पापा भी इस गुत्थी को सुलझा नहीं पाए, तो आखिरकार तय हुआ कि प्रीति का दाखिला दिल्ली के किसी अच्छे स्कूल में करवा दिया जाए। एडमिशन के बाद प्रीति को हॉस्टल में रहना था। हॉस्टल में प्रीति को छोड़ते हुए मम्मी उसे कई तरह के इंस्ट्रक्शन देती रही। उनका सारा जोर इस बात पर था कि बस अब बहुत हो चुका। आगे से किसी को बताने की जरूरत नहीं है कि तू एल्बीनो है। तू कहेगी कि भारत में तो तरह-तरह के रंग के लोग होते हैं- काले, सांवले, गोरे। गोरे भी सभी एक तरह के कहां होते हैं, कोई गेहुंआ तो कोई मिल्की वाइट तो कोई सामान्य गोरा तो कोई खूब गोरा...। इसलिए मेरा कलर ऐसा है, फॉरेनर टाइप। यही तो फायदा है भारत में रहने का, यहां विविध धर्मावलंबी और अलग-अलग रंगों वाले लोग रहते हैं। इसलिए तू खप जाएगी। कोई नहीं जान पाएगा कि तू एल्बीनो है... समझी!

क्यों?

तू सवाल बहुत करती है, कोई बात समझती नहीं...

क्योंकि मैं नहीं चाहती कि जो कुछ तू इतनी कम उम्र में झेल चुकी है, वही

सब तू फिर झेले। बाहर तुझे हॉस्टल में रहना है। अगर लड़कियां तुम्हारी रूममेट बनने से ही इनकार कर दें या...

लेकिन मम्मी...!

बेटा, अब उस श्राप को वहीं गांव में ही छोड़ दे तू... समझी!

याद नहीं है डॉक्टर तनवीर फरीदी ने क्या कहा था। मेडिकल साईंस इसे सिर्फ स्कीन का रंग भर मानता है, जो शरीर में पाए जाने वाले एक पिगमेंट की कमी की वजह से होता है। अगर एकदम न हो तो आदमी बिल्कुल सफेद या लाल दिखता है। इससे न उस व्यक्ति के नॉरमल लाइफ पर कोई असर पड़ता है, न उसके संपर्क में आने वाले किसी दूसरे आदमी को... हां, थोड़ी सतर्कता जरूर बरतनी पड़ती है। जैसे धूप में न निकलें। अगर निकलना ही पड़े, तो पूरा शरीर ढंक कर, नहीं तो स्किन कैंसर होने का खतरा होता है। क्योंकि सूरज की रोशनी से निकलने वाली हानिकारक किरणें यानी अल्ट्रावायलेट रेज से त्वचा को यही मैलानीन पिगमेंट बचाती है, जिसकी कमी इस बीमारी में हो जाती है। यही वजह है कि जो मुल्क जितना गर्म होता है, वहां के लोग उतने काले होते हैं, क्योंकि उन्हें सूरज की तीखी रोशनी से बचाने के लिए ज्यादा मैलानीन पिगमेंट की जरूरत पड़ती है, जो कुदरती तौर पर वहां के इनसानों में ज्यादा बनता है और यही उनके काले होने की वजह बन जाता है।

हां, एक बात और, आंख पर तो सूरज की रोशनी एकदम नहीं पड़नी चाहिए, क्योंकि मैलानीन पिगमेंट नहीं होने की वजह से पलकें सूरज की रोशनी को रोक नहीं पातीं, इसलिए वह सीधे आंख के अंदर जाकर कोर्निया को जला सकती है। इससे अंधेपन का खतरा बढ़ जाता है।

डॉक्टर साहब, यह ठीक हो पाएगा कि नहीं?

इसके मामले में यह उम्मीद न के बराबर है, क्योंकि इसके शरीर में पिगमेंट एकदम है ही नहीं। यह 'रेयर ऑफ द रेयरेस्ट' मामला है। लेकिन आप निश्चिंत रहिए। मैं आपको एक बार फिर इत्मीनान दिलाता हूं कि इससे इसके नॉरमल लाइफ पर कोई असर नहीं पड़ेगा।

अब तू ही बता बेटी जब तेरी सामान्य जिंदगी पर इससे कोई असर ही नहीं पड़ना और न तेरी वजह से किसी और को कोई खतरा है, तो हम खुद ही किसी को बताकर क्यों अपनी जिंदगी को गाली बनाएं। याद है न बचपन में लोग कैसे तुझे गोद में लेने को बेकरार रहते थे, मगर जब तू स्कूल जाने लगी और धूप की वजह से तुझे त्वचा संबंधी कुछ-कुछ परेशानियां होने लगीं और हमलोग डॉक्टर से मिले। तब जाकर हमें यह पता चला कि तुझे एल्बीनिज्म है और बिना सोचे-समझे हमलोगों ने गांव वालों को बता दिया। तब कहां सोचा था

कि बताना इतना बड़ा गुनाह हो जाएगा। याद है तुझे, उसके बाद कैसे अछूत समझ कर लोग तुझसे बिदकने लगे। वे इस बीमारी को सफेद दाग और कोढ़ का ही एक टाइप समझ बैठे थे और वह मानते थे कि तुझे छूने से उन्हें भी यह बीमारी हो जाएगी, जबकि इस तरह की किसी बीमारी से किसी को कोई नुकसान नहीं होता। इसलिए सुन, तू यह बात अब किसी और को नहीं बताएगी। बेटी, तू भी यही क्यों नहीं मान लेती कि प्राकृतिक रूप से तेरा रंग ही ऐसा है... और सच भी तो यही है कि बाई बर्थ तेरा रंग यही है। बीमारी तो है ही नहीं। यह बीमारी तो तब होती न, जब इससे तुझे या किसी और को कोई खतरा होता या दर्द या कोई अन्य परेशानी होती।

मम्मी के काफी कंविंस करने के बाद से प्रीति ने आज तक किसी को बताया तो नहीं कि उसे एल्बीनिज्म नाम की रेयरेस्ट बीमारी है, लेकिन समय-समय पर लोगों के कमेंट ने उसे कभी यह भूलने भी नहीं दिया।

मम्मी मैं किसी को नहीं बताती, मगर इस झूठ का बोझ कचोटता है मुझे?

यह कचोट अछूत समझे जाने के कचोट से तो कम है न बेटे...

कम है? क्या सचमुच अछूत होने का बोझ ही कचोटता था मुझे? हां, वह कचोट थी अछूत होने की... अकेलेपन की... सबसे अलग होने की वजह से किसी से न घुल-मिल पाने की... अचानक वह बोल पड़ी- वह कचोट तो आज भी है मम्मी... हां मम्मी! देखो न मम्मी... तुम मुझे सुन रही हो मम्मी... आज भी अकेली हूं मैं... नितांत अकेली... यह कचोट तब और बढ़ जाता है मम्मी, जब-जब मुझे यह याद आता है कि मैं इनके बीच की ही हूं... किसी दूसरे मुल्क या जाति-धर्म से नहीं... ठीक वैसे ही जैसे तंजानिया में मारे जाने वाले एल्बीनो भी उसी कबीले धर्म और जाति के हैं... उनके ही बीच के हैं... बस एल्बीनिज्म की वजह से गोरे हो गए हैं... हां, मम्मी तुम क्या जानो! यह शाश्वत सत्य है... वहां का भी, मेरा भी... और दुनिया के हर कोने का... तंजानिया में लोग एक बार में झटके से वार करते हैं और मुझे यहां रोज रेतते रहते हैं... अब तू ही बता मैं क्या करूं... तेरा झूठ भी मुझे उबार नहीं पाया इस कचोट से... मम्मी सुन तो रही हो न? कुछ बोलो न मम्मी, चुप क्यों हो?

x x x

प्रीति को अचानक बड़बड़ाते देख आफताब ने हड़बड़ा कर उसकी तरफ देखा, लेकिन पता नहीं प्रीति के चेहरे पर क्या था कि वह कुछ बोल नहीं पाया... प्रीति ने भी आफताब को अपनी तरफ देखते देखा तो तुरत खुद को संभाल लिया। तब प्रीति को पता चला कि उसकी तमाम सावधानियों के बावजूद यह चिपकू!

पता नहीं कब, उसके इस सफर में चुपके से उसके साथ हो लिया था।

आफताब बोला- हमारे मजहब में भी इस बीमारी को लोग बुरा मानते हैं... उसकी परछाई से भी परहेज करते हैं... पता नहीं लोग कैसे इतने असहिष्णु, अनुदार हो जाते हैं। लेकिन प्रीति तुम अकेली नहीं हो? तुम्हारे जैसा एक पूरा हुजूम है... उन्हें तुम्हारी जरूरत है... तुम ऐसा क्यों समझती हो कि सिर्फ तुम ही एल्बीनो हो? मुझे देखो, मैं भी एल्बीनो हूं। आदमी एल्बीनो सिर्फ रंग-रूप से नहीं होता... उसके लिए सामाजिक, धार्मिक, आर्थिक आदि कई कारक जिम्मेदार होते हैं... इसलिए खुद को कोसना बंद करो... हार कर बैठने से काम नहीं चलेगा, इसका मुकाबला करने की जरूरत है... समझी! इन लाखों-करोड़ों लोगों की ताकत बनने की जरूरत है! वह भी यह छिपाकर नहीं कि तुम एल्बीनों हो... सबको बताकर... उसने जोर देकर कहा समझी सहकर्मी... नहीं साथी!

बड़े थके-थके भाव से प्रीति ने कहा था- हां, तुम ठीक कहते हो आफताब। सिर्फ एक तंजानिया नहीं, पूरी धरती तंजानिया है। हमारे देश में भी कई तंजानियाएं हैं और यहां का निजाम भी तंजानियाई हुकूमत जैसा। बोलते-बोलते उसका मार्केटिंग वाला आत्मविश्वास वापस लौट आया था। उसने आफताब की ओर अपना हाथ बढ़ा दिया था, जिसे मजबूती से आफताब ने थाम लिया।

प्रीति और आफताब ने पलटकर एक साथ देखा- रात ढल चुकी थी... सूरज का साम्राज्य समाप्त हो चुका था... चांद अपने पूरे शबाब पर था... आज वह घूंघटे में नहीं था... आज उसने न अपना चेहरा छुपाया था और न ही अपने दाग को... दागदार चांद की चांदनी में नहाया ताजमहल बेहद खूबसूरत लग रहा था। दोनों के मुंह से एक साथ निकला- ओह! आज पूर्णिमा है, मुझे तो पता ही नहीं था...

# त्रिशंकु

जरा सा और पोलाव दूं अमीन भाई... अच्छा माकूती ही थोड़ी और ले लीजिए... वैसे भी खाने के बाद मीठा खाना सुन्नत है...

हां, वजीर भाई कह तो आप ठीक रहे हैं... लेकिन पिछले कुछ सालों से शुगर ने इतना परेशान कर रखा है कि मीठा खाना ही नहीं उसकी तरफ देखना भी मुहाल हो गया है। जब-जब मैं मीठे के चक्कर में पड़ता हूं, जिंदगी से मिठास गायब होने लगती है। चक्कर आने लगता है, हाथ-पैर में झीनझीनी होने लगती है। बात इतनी तक भी होती तो ठीक थी, जैसे-जैसे शुगर लेबल बढ़ता जाता है, वैसे-वैसे शिरीं जुबान आपकी भाभी जान की आवाज कड़वी होती जाती है... और फिर रोज करेले का जूस पीना पड़ता है... इसलिए भई... मीठा तो मैंने तर्क ही कर रखा है... कड़वा सा मुंह बनाकर अमीन ने कहा।

वजीर आगे बढ़ा... बड़ी तत्परता से वह आए मेहमानों को खाना खिलाने में लगा था। भाई साहब, आपको थोड़ा सा कोरमा दूं...

अरे वजीर, तुम वहां क्या कर रहे हो... बच्चे खाना खिला रहे हैं न, तुम ये सब छोड़ो न यार... आओ इधर आओ...

रशीद भाई... आप यहां! यहां की फिक्र छोड़ दीजिए... हम हैं न, सब संभाल लेंगे... पास आते हुए वजीर ने कहा।

इसीलिए तो फिक्र है... रशीद भाई बड़बड़ाए।

क्या! कुछ कहा?

नहीं... नहीं... कुछ खास नहीं... मैं कह यह रहा था कि तुम भी कहां फेर में पड़े हो... ये सब बच्चों का काम है। वे कर लेंगे... तुम आराम से यहां बैठो और गार्जियनशिप संभालो...

अरे साहब, ये तो अपने घर का मामला है। आपका बेटा... मेरा बेटा... इतनी ग्रैंड ताम वलीमा है... ढेर सारे लोग आए हैं... बच्चे कितना काम करेंगे... थक

जाएंगे... और कोई बाहर थोड़े ही काम कर रहा हूं... अपने घर में ही तो कर रहा हूं... इसलिए आप मुझे रोकेंगे नहीं... बड़े हक और अपनत्व से वजीर ने रशीद से कहा। जाइए आप दरवाजे पर जाइए... अभी तक मेहमान आ रहे हैं, उनकी स्वागत के लिए आपका वहां रहना ज्यादा जरूरी है।

अरे भाई, तू समझता क्यों नहीं? हर बात तुझे खुलकर समझानी पड़ती है क्या? अपनी ऊंगलियों पर ये दाग देखा है... चरक फूटे पड़े हैं... लोग बातें बनाने लगे हैं कि खाना खिलाने को कोढ़ी को भेज दिया है। वह तो भला हो मेरे बेटे अशरफ का, जो उसकी कानों में यह भुनभुनाहट पड़ गई... उसने आकर मुझे जल्दी से बता दिया... रूक जाइए वजीर भाई नहीं तो सर्वनाश हो जाएगा... आप क्यों नहीं समझते ये बात...

रशीद भाई... आप मुझे इतना बेवकूफ समझते हैं क्या? डर्मेटोलॉजिस्ट डॉक्टर महेंद्र प्रसाद को दिखा चुका हूं। उन्होंने कहा है कि घबराने की कोई बात नहीं, यह कोई ऐसी बीमारी नहीं है, जिसके लिए चिंता की जाए, बल्कि कहा जाए तो यह कोई बीमारी ही नहीं, बस एक पिंगमेंट की कमी की वजह से त्वचा का रंग बदल गया है। समझे?

समझने, समझाने का वक्त नहीं है। बस अल्लाह तआला से दुआ कीजिए कि सब बाखैर गुजर जाए... अगर दरवाजे पर आए मेहमान... बड़ी बेइज्जती हो जाएगी वजीर भाई... हमें उम्मीद है कि आप भी ऐसा नहीं चाहेंगे... आप तो जानते ही हैं कि लोग चरक को भी कोढ़ ही समझते हैं... और यह भी आपसे नहीं छिपा कि हमारे मजहब के लोग कोढ़ को कैसे लेते हैं... मानते हैं कि जिस तरह शेर को देखकर दूर भागते हैं, उसी तरह कोढ़ी को देखकर भागना चाहिए... इसलिए प्लीज हमारी मदद कीजिए... हम आपके एहसानमंद रहेंगे... कहते हुए रशीद अहमद दरवाजे की तरफ बढ़ गए। थोड़ा आगे जाकर बहुत धीमें से बड़बड़ाए कि उनकी आवाज वजीर की कानों में न पड़े- खुद से लोगों को समझ में नहीं आता... चले आते हैं दूसरों का फंक्शन बिगाड़ने... मुझे तो पता ही नहीं था कि इसे कोढ़ हो गया है... जान जाता तो बुलाता ही नहीं।

लेकिन वजीर के कानों में यह बात पड़ी।

रात के ग्यारह बज रहे थे। उसका मन उचट गया। वह उसी वक्त मैरिज हॉल से बाहर निकल कर अपने घर की तरफ चल दिया... बाहर घनघोर अंधेरा था। हाथ को हाथ सुझाई नहीं दे रहा था। बाहर तेज हवाएं चल रही थी। हवा में खुनकी थी। आंधी आने के आसार लग रहे थे। हवाएं सड़क किनारे लगी पेड़ों से टकरा कर बहुत भयानक आवाज पैदा कर रही थीं।

किसी को भी डर से थरथरा देने के लिए काफी थीं ये आवाजें, लेकिन वजीर मोहम्मद पर तो इन सबका कोई असर ही नहीं था। किसी सम्मोहन में वे आगे बढ़े जा रहे थे। तेज हवाओं की वजह से रात भी काफी सर्द हो गई थी, लेकिन ठंड से कांपना तो दूर, उन्हें तो इस बात का एहसास भी नहीं था... अचानक जोर से बिजली कड़की... नहीं, पास में ही कहीं गिरी शायद... आसपास से कुत्तों की जोर-जोर से रोने की आवाज आई।

लेकिन वजीर मोहम्मद तो अपनी परेशानी में इस कदर मुब्तला थे कि बिजली गिरी या कड़की इसका उन्हें पता ही नहीं चला... इससे ज्यादा जोर की बिजली तो उनके अंदर गिरी थी और उस बेआवाज बिजली के कड़कने की वेधकता इन कुत्तों के रोने की आवाज से कहीं बहुत ज्यादा थी।

---

मीठा छोड़, तू इधर आ....

हां, कुछ ऐसे ही अल्फाज तो थे उस दिन भी... ऐसे ही नहीं यही... हां... हां... यही, ठीक यही।

देख, ठीक समय से आ जइयो... मेरी बहन की शादी है... वह सिर्फ मेरी ही बहन नहीं, तेरी भी बहन है, उसकी राखी की लाज रखियो... किसी साल तेरी कलाई सूनी नहीं रहने दी है उसने... समझ गया... कोताही मत करियो... आशीष दुबे ने वजीर को चेताते हुए कहा।

अरे, कैसी बातें करता है तू भी भला... भाई को बहन की शादी का कोई न्योता देता है क्या... तू कौन होता है मुझे बुलहटा भेजने वाला... मेरी बहन है... मैं तो बड़े धूमधाम से विदा करूंगा उसे... और हां, तू सुन ले... अगर दारू पीकर शादी में तूने कोई गड़बड़ की न तो छोड़ूंगा नहीं मैं तुझे... एक मिनट भी नहीं लगेगा कनपटी के नीचे धरने में... उस पर से वो भी तो आएगी न...!

आशीष जान-बूझकर अनजान बनता हुआ बोला- कौन?

बन मत, साले सब जान कर भी अनजान बनता है, मेरी बहन की फास्ट फ्रेंड फहमीदा...

आशीष ने उसे छेड़ा- ओह... होऽऽ... तो जनाब को बहन की शादी से ज्यादा फिक्र दाना डालने की है...

वजीर गड़बड़ा कर रह गया... वो... वो... वो...

चल, मैं तुझे जानता नहीं क्या... आशीष ने चुटकी ली।

शादी के दो-दिन पहले से वजीर लगा हुआ था। कहीं कोई कमी न रह जाए... टेंट वाले को बयाना दे दिया है... दूध वाले को खोया के लिए कह

दिया... सलीम को सिलने के लिए सूट दे आया हूं... वगैरह... वगैरह... उसे दम धरने की भी फुरसत नहीं थी। शादी के दिन जयमाल का वक्त आते-आते वह एकदम निढाल हो गया था। जयमाल के वक्त फहमीदा ठीक दुल्हन के पीछे खड़ी थी... वह बहुत खूबसूरत लग रही थी... इतनी हसीन, कि पार्टी की सारी डेकोरेशन उसके सामने फीकी लग रही थी।

तभी पीछे से उसे आवाज सुनाई दी... बाराती समधी मिलन के लिए आ रहे हैं... चलो... चलो...

हालांकि वजीर को किसी ने कहा नहीं था और उसका भी मन सामने बैठी फहमीदा को छोड़कर जाने का नहीं था... लेकिन मन में ये आशंका भी थी कि कहीं बारातियों के खान-पान में कोई कमी रह गई, तो... वह अपनी बहन की शादी में अपनी तरफ से कोई कोर-कसर छोड़ना नहीं चाहता था... इसलिए भारी मन से फहमीदा के लोभ को बिसरा कर बारातियों के स्वागत और उन्हें खिलाने-पिलाने के लिए चल दिया...

भाई साहब साग... थोड़ी सी पनीर की सब्जी... बस एक पूरी और... खाने के बाद थोड़ा सा मीठा हो जाए... दही... सजाव है...

मीठा छोड़, तू इधर आ... आशीष की आवाज सुनाई पड़ी।

अब क्या आफत आ गई... पास आते वजीर ने पूछा था।

आफत को छोड़, पहले यह बता कि दाना डालने से तेरा मन भर गया क्या?

क्यों?

वहां जयमाल के पास फहमीदा खड़ी है और तू यहां!

अरे यार... बहन की शादी में आया हूं... बारातियों का आराम पहले है, उसके बाद कुछ? कोई गैर की शादी थोड़े ही हैं... जो आराम से मस्ती मारता फिरूं! रहा सवाल फहमीदा का तो अभी तो मुझे यह भी नहीं पता कि वह भी मुझे पसंद करती है या नहीं। बारातियों को आराम करने के लिए जनवासा चला जाने दे... फिर कोई चक्कर चलाता हूं...

तब तक तो वह चली जाएगी... अपने अब्बू के साथ आई है।

जाने दे यार... मेरी बहन से बढ़कर नहीं है न। पिछले 10 सालों से राखी बांध रही है वह मुझे। क्या मैं इतना गया-गुजरा हूं कि राखी की लाज भी न रख सकूं... एक दिन के लिए भी मैं सिर्फ उसका भाई बनकर नहीं जी सकता क्या!

अचानक आशीष के आंखों में आंसू छलक आए... उसने वजीर को गले से

लगा लिया... तू तो शर्मिंदा कर के ही छोड़ेगा मुझे... चल वही सही... सुन वजीर मुझे गलत मत समझना... मेरी बहन की शादी जिस घर में हो रही है, वे बड़े धार्मिक लोग हैं... द्विज ब्राह्मण... अगर उन्हें पता चल गया कि तू मुसलमान है तो अनर्थ हो सकता है... मेरे भाई तू अपनी बहन की शादी न खराब कर... प्लीज... प्लीज... प्लीज...

रो तो वजीर भी पड़ा था... लेकिन उसने अपने आंसू छिपा लिये... वह सोच रहा था कि ये कौन सा धर्म है... जो आदमी... आदमी को अलग करता है...

थके-थके कदमों से जहां जयमाल चल रहा था, उस तरफ बढ़ा... जयमाल की रस्म पूरी हो चुकी थी... वहां न दुल्हन थी, न दुल्हन की सहेली फहमीदा... बस जगर-मगर रोशनियों के बीच वहां चुंधियाया तन्हा खड़ा था वजीर...

x x x

उस दिन रोशनियों के बीच तन्हा खड़ा था वजीर और आज गहन अंधकार में बारिश में भीगता अकेला चला जा रहा था वजीर...

बूंदाबांदी शुरू हो गई थी... वजीर की आंखों से भी बूंदे टपक रही थी... हवाएं पानी की बूंदों के साथ मिलकर अलग तरह का शोर मचा रही थीं... इस शोर में झिंगुर की आवाज मिलकर और खौफनाक हो गई थी...

उस दिन का माजरा भी तो कम हौलनाक नहीं था...

क्या हुआ भैया, और कितनी देर...

बस-बस हो गया... हो गया...

क्या हो गया... पिछले आधे घंटे से आप बोल रहे हैं हो गया... हो गया... मुझे भी तो दफ्तर के लिए निकलना है... जल्दी करिए... कहते हुए वजीर के छोटे भाई की बीवी भन्नाती हुई अपने कमरे में जा पहुंची...

सुबह-सुबह आइने के सामने जा खड़े हुए... न जाने कौन सा रूप निहारते रहते हैं, पता नहीं... दाग-धब्बे से भरा है पूरा शरीर... जहां-तहां चरक-चकत्ते निकले हुए हैं, तब ये हाल है... थोड़ा सा रंग-रूप अच्छा होता तो मालूम नहीं ये क्या करते... तुमने बात की बिल्डर से... और कितना टाइम लगाएगा... दो-दो डेडलाइन निकल गए... मैं जल्दी से जल्दी यहां से शिफ्ट होना चाहती हूं... जेठजी का गुस्सा तस्नीम अपने शौहर पर उतारने लगी...

इतनी जल्दी भी क्या है...

जल्दी... यहां मेरी जान जा रही है... खाते-पीते-सोते हमेशा एक ही डर जान खाये रहता है... और भइया को तो इतना भी शऊर नहीं कि कम से कम... जो पाते हैं, उसी में खा-पी लेते हैं... और आपकी भाभी... उन्हें भी इस बात की रत्ती

भर परवाह नहीं... कम से कम उनका बरतन ही अलग निकाल देतीं...

अरे भैया आप कब आए... समझाइए न तस्नीम को... इसे लगता है कि बिल्डर हमारा पैसा खा जाएगा... मैं अभी यही समझा रहा था...

आईना खाली हो गया है... फहमीदा मैं निकल रहा हूं...

अरे नाश्ता तो करते जाइए...

नहीं, मुझे देर हो रही है... वजीर का मूड खराब हो गया था। बाहर मेन गेट से निकलते ही उसे सामने से दूधवाला आता दिखा...

सलाम हजूर...

सलाम, सलाम राजू... इस वक्त इधर... दूध तो सुबह ही...

हां... हां... वो...

क्या बात है राजू... सब ठीक तो है न... इतने घबराये हुए क्यों हो.... और ये पॉलीथीन में क्या है...

कुछ नहीं मालिक वो...

अब वजीर से सब्र न हो सका... रामू के हाथ से पॉलीथीन लेकर देखने लगा... जैसे सारी बीमारी की जड़ उस पॉलीथीन में ही है... लेकिन उसमें तो उपले थे...

उपले? किसलिए?

वजीर भाई! मुझे माफ कर दीजिए, मैं अब तक आपको बता नहीं पाया... डरता था कि आपको बुरा लगेगा...

बात क्या है, पहेलियां न बुझाओ... साफ-साफ कहो?

ये उपले आपके पड़ोसी खेतान साहब ने मंगवाए हैं...

तो इसमें बुरा मानने की क्या बात है?

उन्होंने इसे आपकी वजह से मंगवाया है... कल आपलोग उनके यहां डिनर पर गये थे न...

हां, लेकिन तुम्हें कैसे पता...

जब भी आपलोगों को दावत पर बुलाते हैं, उसके बाद मुझसे उपले मंगवाते हैं...

भला क्यों?

आपलोग मुसलमान हैं न, इसलिए... जब-जब आपलोग उनके यहां खा-पीकर आते हैं, वह पूरे घर का शुद्धिकरण करते हैं। आग का टुकड़ा डालकर बरतन धोते हैं... राजू बताये जा रहा था... वे सोफा कवर से लेकर डोरमेट तक धोते हैं... फिर जिस कमरे में आपलोग बैठते हैं, उसे धोकर गंगाजल से पवित्र करते

हैं... उपलों पर हुमाद जलाकर घर की हवा शुद्ध करते हैं...

लेकिन वजीर सुन नहीं रहा था... पूरा शरीर झांय-झांय कर रहा था उसका... उसकी आंखों के सामने नाच रहा था वह मंजर, जब इस सोसायटी में ठीक उसके बगल वाले डुपलेक्स में किराये पर रहने के लिए खेतान परिवार आया था... वजीर ने अपने नये पड़ोसी को हर जरूरी मदद दी... नये जगह पर गृहस्थी बसाना मुश्किल नहीं, तो हंसी-ठट्ठा भी नहीं। जब तक वे पूरी तरह व्यवस्थित नहीं हो गए, फहमीदा दिन-रात उनके साथ लगी रही। फहमीदा की वजह से वजीर को भी उनमें लगना पड़ता था। वे लोग वजीर और फहमीदा के काफी एहसानमंद थे। राजन खेतान की बीवी गौरी खेतान फहमीदा को अक्सरहां सुनाती रहती थी- पता है, मेरी सास बहुत कट्टर थी... अपने जानते भर में किसी मुस्लिम को घर में घुसने नहीं देती थी... अगर कोई आ ही जाए, उनके लिए अलग रखी चीनी मिट्टी के बरतन में खाने को देती, जाने के बाद पूरा घर गोबर से लीपती। शुद्धिकरण के लिए इसके अलावा भी पता नहीं क्या-क्या करती थी...

फहमीदा, वजीर को ये सब बताते हुए कहती कि कितने अच्छे लोग हैं। इनके स्वभाव में तो जरा भी अकड़ नहीं है। भेदभाव का तो नामोनिशान तक नहीं... लेकिन वजीर को वे लोग कभी अच्छे नहीं लगते थे... वह कहता था कि अगर ऐसे ही हैं तो वे बारम्बार ये सुनाते क्यों हैं... एक बात तुम जान लो... ज्यादा भक्ति चोर के लक्षण... अगर उनके मन में ऐसा कुछ नहीं होता तो बराबर सुनाते ही क्यों? पता है, हमारी शादी के पहले की घटना है यह- मेरे दोस्तों में एक थे हरे राम पांडेय... वह भी ऐसे ही बार-बार सुनाते रहते थे कि हम तो जात-पांत मानते ही नहीं... गांव के किसी मंदिर का नाम बताते और कहते वैसे हमारा परिवार सदियों से उस मंदिर की पुरोहिताई में लगा है... हमलोग पूरी तरह सात्विक हैं... हमारे परिवार के लोग तो किसी मुस्लिम के यहां खाना तो दूर, गांव के जिस टोले में मुसलमान रहते हैं, उस टोले से गुजरते भी नहीं... एक दिन किसी काम के सिलसिले में दोस्तों के साथ मुझे कहीं जाना था। असल में काम हरेराम पांडेय का ही था। सो दोस्तों के साथ वह भी हमारे दरवाजे तक आए... बाकी के दोस्त तो मेरे घर तक आ गए... वह घर से थोड़ा दूर सड़क पर ही किसी से बात करने लगे... मैंने उनलोगों से पूछा- हरेराम पांडेय?

उनलोगों ने बताया कि वह बाहर ही रूक गए हैं, उन्हें कोई मिल गया था... वह उससे बतियाने लगे हैं... मैं खुद गया उन्हें लाने... आखिर पहली बार हमारे घर आए थे... ब्राह्मण आदमी थे... समाज में भी उनकी काफी इज्जत थी... जिधर जाते थे, लोग पैर छूकर उनको प्रणाम करते थे... उनके सामने

चाय-बिस्किट रखी थी... हरेराम ने बहुत कहा कि अरे मैं घर से अभी ही भरपेट खाकर आया हूं... लेकिन मेरे दोस्तों ने उसकी चलने न दी, कहा कि चाय खाना नहीं है बाबा! चाय तो खाने के बाद ही पी जाती है। जानती हो... भेदभाव को दूर से ही प्रणाम करने वाले बाबा उर्फ हरेराम पांडेय ने चाय तो पी ली, लेकिन वहां से जाते ही गंगाजल से अपनी शुद्धि की और जो जनेऊ वे पहने हुए थे, उसे तोड़कर गंगाजी में बहा दिया, फिर नया जनेऊ धारण किया।

फहमीदा ने पूछा था- आपको कैसे पता चला... जाहिर है कि हरेराम पांडेय ने तो बताया नहीं ही होगा?

हरेराम पांडेय क्या कोई नहीं बताता ऐसी बातें... समझी। वो तो एक दिन मेरे बाकी के दोस्त इसी बात के लिए हरेराम की खिंचाई कर रहे थे... क्यों हरेराम शेखी बघारने की चक्कर में फंसे न? खाना पड़ गया ना मियवां के यहां... तभी मैं वहां पहुंच गया था... ये खेतान परिवार भी उसी तरह कुछ ज्यादा ही खुले होने का ढोंग कर रहा है... कुछ समझी!

आप न... आपकी नजर में सब धान बाइस पसेरी ही होता है... फहमीदा बोली- मैं कहती हूं जी कि ये खेतान परिवार वैसा नहीं है, जैसा आप सोच रहे हैं...

लेकिन आज... आखिर वही हुआ... जिसका मुझे डर था... मैं भी यही चाहता था कि फहमीदा की बात सच निकले... कम से कम इस बार मेरा यह भ्रम न टूटे... रोज-रोज यह सब देखते-सुनते थक गया हूं मैं... वजीर सोच रहा था...

X X X

बारिश तेज होती जा रही थी... रह-रह कर बिजली कड़क रही थी... आंधी आ गई थी... पत्तों की खड़खड़ाहट भी बढ़ती जा रही थी... मगर वजीर के अंदर सन्नाटा छाया हुआ था... इस सन्नाटे की प्रतिध्वनि उसे बहरा किये दे रही थी...

चार तारीख हो गए... अभी तक वेतन नहीं आया... इससे तो भली अपनी दुकान ही थी... कितनी अच्छी चल रही थी... न जाने किसकी नजर लग गई... वृंदावन स्वीट्स... साथ में एक और पार्टनर था संजय गर्ग... दुकान पर वही बैठता था और मैं बाहर-बाहर का काम देखता था... सालभर में ही दुकानदारी अच्छी जम गई थी... जल्द ही आसपास के इलाके में अच्छी-खासी साख बन गई थी... शादी-व्याह के ज्यादातर आर्डर लोग यहीं देकर जाने लगे... हमारी दुकान पर जो भी एक बार आ जाता, वह अगली बार एक-दो और नये ग्राहकों को लेकर आता...

सबकुछ बहुत अच्छा चल रहा था... लेकिन कुछ था ऐसा, जो अच्छा नहीं था... हमारी दुकान खुलने के बाद, पहले अच्छी चल रही क्षीर सागर दुकान की साख पर बट्टा लगने लगा था... उसकी दुकानदारी मार खाने लगी थी... हमारे से कम्पीटिशन का उसे कोई उपाय नहीं सूझ रहा था, तब वह ओछे हथकंडों पर उतर आया था... उसने पूरे शहर और आसपास के गांवों में यह प्रचार करना शुरू कर दिया कि वृंदावन नाम रख लेने से कोई कृष्णजी का भक्त थोड़े ही हो जाता है, न ही हिंदू बन जाता है... वृंदावन नाम तो उसने धोखा देने के लिए रखा है... और आपलोग उसके धोखे में आ गए... बताइए आप सब लोगों का धर्म भ्रष्ट कर रखा है उसने... एक आपलोग हैं कि उसी की दुकान की तरफ भागे जाते हैं... अपने यहां के पवित्र त्योहारों और शुभ मुहूर्त पर कटुआ के यहां से मिठाई लेकर जाते हैं... वही भगवान पर भी चढ़ाते हैं... बताइए किसी का धर्म बचेगा... और सच में उसके इस प्रचार का जबरदस्त असर हुआ था... जैसे-जैसे लोगों तक यह बात पहुंची कि संजय गर्ग की दुकान में एक मुस्लिम पार्टनर भी है, वैसे-वैसे हमारी दुकान पर लोग आने से बिदकने लगे... देखते ही देखते चलती-फिरती दुकान पर वीरानी छा गई... अंततः दुकान पर ताला लगाना पड़ा... और यही वजह रही कि वजीर को इस छोटे से प्राइवेट स्कूल में पढ़ाना पड़ रहा था...

खैर आज का क्या करूं, किराने वाले को तो समझा दूंगा कि दो-चार दिन बाद पैसे दूंगा... लेकिन दूध वाला... वह तो मांगेगा ही... उसने दस दिन पहले से ही कह रखा है... देखता हूं टीचर रूम जाकर...

सोचता-सोचता वजीर टीचर रूम की तरफ बढ़ गया- उसे देखकर टीचर रूम में अचानक चुप्पी छा गई... पता नहीं वे लोग क्या बातें कर रहे थे... हड़बड़ाकर मिसेज शर्मा बोली- अरे वजीर... आओ... आओ... आओ... बड़ी लंबी उम्र है तुम्हारी... हमलोग तुम्हारी ही बातें कर रहे थे...

मेरी, क्या? वजीर की भवें सिकुड़ी...

मिसेज शर्मा गड़बड़ा गई थीं... यही... यही... यही... किऽऽ तुम तो आज नहीं आने वाले थे न...

हां, वो छुट्टी सैंक्शन नहीं हुई... वजीर समझ गया था कि आखिर ऐसी कौन सी बात हो रही होगी कि मिसेज शर्मा उसे देखते ही हकलाने लगी थी... लेकिन बोला कुछ नहीं, चुपचाप क्लॉसरूम की तरफ मुड़ गया... अब किसी से कर्ज मांगने का तो सवाल ही नहीं उठता था...

x x x

घर की तरफ जाने के लिए वजीर बायीं तरफ मुड़ा...

बारिश रौद्र रूप धारण करती जा रही थी... हवाएं और सर्द होती जा रही थीं... और ये हवाएं वजीर को उड़ाए लिये जा रही थीं... पीछे... पीछे... बहुत पीछे... बसंतपुर...

फहमीदा अपने खाला के यहां गई है बसंतपुर गांव...

क्यों मन मार कर बैठा है... चल, मैं ले चलता हूं तुझे बसंतपुर... पवन सिंह ने कहा।

तू! तू कैसे ले जाएगा मुझे...

मेरी मौसी वहीं रहती हैं...

तो फिर देर किस बात की... चल... दो-चार दिन रहेंगे... मौज करेंगे... आज तक कभी गांव नहीं गया... इसी बहाने गांव भी देख लूंगा... कंक्रीट के जंगल से कुछ दिन के लिए ही सही मुक्ति मिलेगी... प्रकृति का आनंद लूंगा... पवन के इस प्रस्ताव पर वजीर उछल गया था।

फिर देर किस बात की... चल कल ही चलते हैं... बहुत दिन से मौसी बुला भी रही थीं। तेरे ही बहाने मौसी की भी शिकायत दूर हो जाएगी...

दूसरे दिन पवन और वजीर बसंतपुर के लिए निकल गए थे। बस में पवन बता रहा था कि देखो गांव के कुछ नियम होते हैं। उसका ध्यान रखना। सबसे पहले तो यह कि गांव में मुस्लिमों और दलितों की बस्ती दक्खिन टोला में लगभग गांव से बाहर होती है और लोग उनकी परछाईं से भी बचने की कोशिश करते हैं... उनके लिए मुस्लिम भी उतने ही अछूत होते हैं, जितने दलित या भंगी... दूसरे यह कि किसी को भी यह नहीं बताना कि तुम्हारा नाम वजीर है... कोई भी ऊंची जाति का हिंदू नाम अभी ही हमलोग सोच लेते हैं... वहां वही बताएंगे... समझे... हां... यह ठीक रहेगा... तुमसे कोई पूछे तो अपना नाम कृपा चौबे बता देना। उसके बाद गोत्र-वोत्र के बारे में पूछे तो कट लेना... बाकी मैं संभाल लूंगा...

गांव उतरते ही पवन को एक जान-पहचान का आदमी मिल गया था... उसने देखते ही कहा- कहां रहैव इतने दिन बाबू साहेब। हम्मन के तो लागत रहे कि अब अइबे न करिहो...

अरे नाहीं चौधरी जी... कबो केहू का गांव छूटा है, जवन हमरा छूट जाएगा... और बताओ, गांव का हालचाल क्या है?

बस पूछो नाहीं... ई नान्हन सब जो है न, एकदम सिर पर चढ़ गयौ है... इनका बस चले न तो सिर पर चढ़ के मूते... कल्हे एगो ठाकुर साहब से जुबान लड़ाई लिया था। ठाकुर साहब यानी पवन के मौसा।

वह बता रहा था- ठीक किये ठाकुर साहब... दू लात जो मारे न उसको, तब जाके ठंडाया स्साला...

उनकी इतनी हिम्मत कैसे हो गई चौधरी जी... हमारे गांव में आज तक तो किसी नान्हन में इतनी हिम्मत ना थी...

अरे, इनको मुसलमान सब का शह मिल गया है। उसी के बल पर फऊंक रहे हैं... अबहीं इन सालों को मालूम नहीं कि लड़कट मियां और बदरकट घाम का कवनो भरोसा नाहीं है... ई कहियों बरस जाते हैं... जब माहौल खराब होगा न तब बुझाएगा इन ससुर के नातियों को... तब आएंगे रोते हुए ई साले हमरे पास...

पवन को काटो तो खून नहीं... वह एकटक वजीर का मुंह देख रहा था। वजीर निस्पृह भाव से ऐसे खड़ा था, जैसे कोई नृप हो, हमें का हानि... वह एकदम ठस्स खड़ा था।

पवन झेंप मिटाने के लिए हें... हें... हें... हंस पड़ा।

वजीर की तरफ देखते हुए चौधरी जी ने पूछा- ई कौन हैं बबुआन!

पवन कुछ कहता, उससे पहले वजीर बोल उठा- मैं कृपा! कृपा चौबे... पवन के मित्र...

अचानक चौधरी जी पीछे पलट कर बोले- अरे पलटुआ कहां मर गया रे... देखत नाहीं बबुआन आए हैं। साथ में उनके संगहतिया भी हैं... इन्हें ठंडई-वंडई पिलाओ... पूरा फुटानी में चले हैं बबुआन। पूरी तरह शहरी हो गए हैं... इतना तेज घाम (धूप) में सिर पर एगो अंगोछा तक नहीं रखे हैं। कहीं लू-वू लग गया तो सिंह साहब हमलोगों का जीना हराम कर देंगे... बड़े प्यार से वह पवन को उलाहना देते हुए अपने गमछा से वहां बनी एक मड़ई में बिछी खटिया साफ करता हुआ बोला- आइए... आइए... बैठिए बबुआन... ठंडई पीकर जाइएगा...

पवन वजीर का चेहरा देख रहा था... चलो पी लेते हैं... वजीर बड़े निर्विकार भाव से बोला।

वहां से जब वे दोनों चले तो वजीर बोला- यार कैसे रहते हो तुमलोग गांव में... एक घंटे में ही मेरा तो जी खट्टा हो आया। मुझे अब एक पल भी नहीं रहना... मुझे तुम यहीं से बस पर बिठा दो बस्स... मैं चला जाऊंगा।

पवन बोला- यह ठीक नहीं होगा... लोगों को पता चल गया है कि मेरे साथ

एक आदमी और आया है। अगर तुम अभी चले गए तो लोग मुझसे सौ सवाल पूछेंगे... ऊपर से हजार तरह की बातें बनायेंगे अलग... ये गांव है... यहां हर बात की मीन-मेख निकाली जाती है... मैं तुम्हें नहीं रोकूंगा... कल चले जाना... और फहमीदा... जरा उससे भी तो मिल लो... इतनी दूर से उससे मिलने ही तो आए हो... कम से कम एक नजर जी भर के देख तो लो...

भांड़ में गई फहमीदा... मुझे एक पल नहीं रहना... वजीर का गुस्सा फूट पड़ा।

ठीक है बाबा... गुस्सा न करो, मैं कल सुबह ही पहली बस पर तुम्हें बिठा दूंगा... चले जाना... गांव के बारे में मैंने पहले ही तुम्हें आगाह कर दिया था न... मुझे तो लगा था खुद को मानसिक रूप से तैयार कर लिया होगा तुमने...

वजीर ने कुछ कहने के लिए मुंह खोला मगर सख्ती से मुंह बंद कर लिया. ..घुन्ना बना रहा... उसे डर था कि अगर वह बोला, तो इस वक्त उसका मुंह बीख ही उगलेगा...

x x x

गांव से जैसे ही लौटी थी फहमीदा, वजीर ने उसे बताया था कि वह उससे मिलने बसंतपुर गया था... और यह भी बताया कि क्या-क्या गुजरी उस पर...

फहमीदा हंस पड़ी... बस इतना ही... आपको पता है... हमलोगों पर क्या गुजरती है... हमलोग तो बारहों महीने दहशत में जीते हैं... चुनाव के वक्त तो हमारी जान पर बन आती है... एक तरफ ब्राह्मणों का गुट होता है... दूसरी तरफ बाबू साहबों का... दोनों धमका कर जाते हैं... अगर हमारे कैंडिडेट को वोट नहीं दिया तो... उसके बाद जीते कोई, हारे कोई... कहर हम पर और दलितों पर उतरता है... जो पक्ष जीतता है... वह जश्न मनाने में मगन होता है... और दूसरा पक्ष बदला चुकाने में... पहले पक्ष को कोई फर्क नहीं पड़ता... सबसे ज्यादा डर तो जुमा के दिन रहता है। गांव में एक ही मस्जिद है... उसी में गांव और आसपास के सारे मुसलमान जुमा का नमाज अदा करने आते हैं... उन दिनों जुमा की नमाज दो बार में लोग पढ़ते हैं.... पहली बार में आधे लोग नमाज पढ़ते हैं और आधे पहरा देते रहते हैं और उसके बाद बाकी के लोग... और नमाज पढ़ चुके लोग पहरे की ड्यूटी अंजाम देते हैं... लेकिन आपको किसने कहा था, वहां जाने को, मैं भागी थोड़े ही जा रही थी, तीन-चार ही दिन के लिए तो गई थी... वह भी खाला अम्मी ने अब्बू से बहुत जिद की थी, इसलिए...

तुम तो जानती ही हो एक दिन भी तुम्हें देखे बिना मेरे लिए रहना कितना मुश्किल है... सोचा था कि तुम्हें देखकर चला आऊंगा... पता है, वहां से आने

के बाद क्या हुआ... मुझे बात-बात पर गुस्सा आने लगा था। बड़ी मुश्किल से खुद को जब्त करता था। कोई कुछ भी कहता, मुझे लगता की वह मुझे ही ताना मार रहा है। एक दिन मैं आशीष के यहां एशिया कप हॉकी का फाइनल मैच देख रहा था... आमने-सामने दो एशियाई महाशक्ति भारत-पाकिस्तान थे। वहां उसके कुछ और दोस्त भी मैच देखने आए थे... आसपास में सिर्फ आशीष के यहां ही कलर टीवी है... इसलिए मैच के दौरान उसके यहां हमेशा इस तरह की बैठकी लग जाती है... लेफ्ट आउट जफर इकबाल की बदौलत भारत दो गोलों की बढ़त ले चुका था। आए दोस्तों में से एक ने कहा कि आज तो पाकिस्तान का हारना तय है... चलो मैच देखना सार्थक हो गया... तभी उसके बगल में बैठे लड़के ने तपाक से कहा- आज साले मियंडियनों को अपनी औकात का पता चल जाएगा...

आशीष को उसका यह बोलना बुरा लगा था... वह उसे डांटने ही जा रहा था, लेकिन पता नहीं उस वक्त मेरे ऊपर कैसा भूत सवार हो गया था, उससे पहले मैं उस पर चढ़ दौड़ा... यह जानते हुए कि भारत-पाकिस्तान का मैच हो तो चुप रहना ही श्रेयस्कर होता है, क्योंकि स्थिति युद्ध जैसी तो होती ही है, हमारी प्रतिबद्धता हमेशा शक के दायरे में होती है... और उस पर से मेरे साथ ऐसा कोई पहली बार तो हो नहीं रहा था, यह तो रोजमर्रा की बात है... इससे पहले हर बार मैं खामोशी से सुन लेता था... लेकिन उस दिन गुस्से में हमलावर हो गया- क्या औकात पता चल जाएगा... क्या कर लोगे तुम... मैच देखने आए हो या तफरका फैलाने... जो अच्छा खेलेगा वह जीतेगा, भारत-पाक के मैच में हिंदू-मुसलमान कहां से आ गए... और जिन दो गोलों की बदौलत तुम आगे हो... वह दोनों गोल भी तो एक मुसलमान ने ही किये हैं... अस्सी करोड़ की आबादी में तुम्हारे में तो इतना भी दम नहीं कि मोहम्मद शाहिद, जलालुद्दीन, जफर इकबाल जैसा स्कोरर पैदा कर लो...

हालांकि मैं जानता था कि टीम में और भी बेहतरीन खिलाड़ी प्रगट सिंह, थोइबा सिंह, एमपी सिंह आदि हैं... लेकिन उस वक्त तो मेरे ऊपर पता नहीं कौन सा भूत सवार था... मैं बोलता जा रहा था- तुम जैसे लोगों की वजह से ही...

बीच-बचाव करने की गर्ज से आशीष ने टीवी बंद कर दी और मुझे ही समझाने लगा- वजीर... वजीर... वजीर! तुम्हें क्या हो गया है। बकने दो उन्हें, कुछ देर में चुप हो जाएंगे... तुम क्यों किसी को मौका देते हो...

वह आदमी भी तैश में आ गया था- गुस्से से बांह चढ़ाता हुआ बोल रहा था... इन स्सालों को हगना होगा तो भारत याद आएगा और गुण गाने के वक्त

पाकिस्तान... उसे उसके साथ आए दोस्तों ने पकड़ लिया था...

और मैं आशीष पर ही चढ़ दौड़ा था- मौका... क्या कहा मौका... मैं देता हूं मौका... अरे यार, आप इतने पैनिक क्यों हो जाते हैं... क्यों इस कदर गुस्से में आ जाते हैं... आशीष ने मामला संभालने की गर्ज से कहा होगा... फहमीदा बोली।

वजीर थके भाव से बोला- हां, यार मैं समझता हूं... इसलिए बाद में आशीष से माफी भी मांगी... उसने बड़े भोलेपन से कहा- अभी तक तू उसे याद रखे हुआ है... मैं तो कभी का भूल गया और हां, एक बात... कहां-कहां और कब-कब गुस्सा करेगा... ऐसा तो है नहीं कि जो इस बार तेरे साथ हुआ वह आगे नहीं होगा... मैं यह भी जानता हूं कि अगर हसन सरदार की तारीफ मैं करूं, तो वह मेरी खेल भावना होगी और तू करेगा तो सांप्रदायिकता... लेकिन यार सबसे लड़ा तो नहीं जा सकता न। कुछ लोग तो हमेशा ऐसे ही मौके की तलाश में रहते हैं... उसके बाद पूरे शहर में ढिढ़ोरा पीटेंगे... वजीर ऐसा है... हां वजीर ऐसा है... वह यह थोड़े ही बताएंगे कि हलक में ऊंगली डालकर तुझसे बोलवाया...

हां यार मैं समझता हूं... इसलिए तो कह रहा हूं... मेरी तरफदारी के चक्कर में तू भी मुश्किल में पड़ गया...

छोड़ न... आगे बढ़...

x x x

बढ़ गया आगे...

घर की तरफ कदम तेज कर दिये... तेज कदम के साथ बारिश भी तेज हो गई और ओले भी पड़ने लगे थे... लेकिन अंदर से तो वजीर वहीं अटका पड़ा था... उसके अंदर तो आग लगी थी आग... उसे लग रहा था कि वह बारिश में नहीं भीग रहा... बल्कि आग के बीच से गुजर रहा है। शायद यही है पुलसरात... धागे से भी बारीक पुल... जिसके नीचे आग का गोला धधक रहा है.... और ओले नहीं पड़ रहे... आसमान फट कर रूई के फाहे के मानिंद हो गया है। सुर फूंका जा रहा है... रूह खींचा जा रहा है... बहुत तेज बेचैनी हो रही है... दर्द के मारे एक पल को जीना मुहाल हो रहा है... सिर के एक बित्ता ऊपर सूरज है... वह जला रहा है... पूरे तन-बदन में आग लगी है... आज ही है... हां, आज ही है... कयामत की रात... इसीलिए कोई किसी को नहीं पहचान रहा है... सब भाग रहे हैं... गर्मी से सबकी हालत खराब है...

अचानक मोबाइल बजा... वह पहचान गया, फहमीदा का फोन था... बारिश

की वजह से फोन को तुरत अंदर कर लिया... वजीर अपनी ही उलझन में इस कदर उलझा हुआ था कि घर से भी लगभग 100 मीटर आगे निकल आया है, इसका भी उसको ध्यान नहीं था... वह तो फहमीदा के फोन ने उसके कदम रोक दिये... घर की तरफ वापस बढ़ा... दरवाजे पर दस्तक देने के लिए हाथ बढ़ाया... ठंड से हाथ जम चुके थे... हिला तक नहीं पा रहा था... अरे, यह क्या, वहां तो हाथ ही नहीं है... बस एक ठूंठ है... मेरी ऊंगलियां कहां गई... पुराने घर के सामने का बरगद का पेड़ भी तो ठूंठ बन चुका है... ओह, अब ऊंगलियां कहां से होंगी... वह तो गल चुकी हैं... उन्हें तो कोढ़ गला चुकी है... पूरी तरह... वजीर को लगा, हां... यही सच है... सच में मुझे कोढ़ हो चुका है...

एक बार फिर उसका मोबाइल बजा... लेकिन हाथ कहां था, सिर्फ ठूंठ था... वह भी इतना जकड़ा हुआ कि पूरी ताकत लगाकर भी वह हिला नहीं पाया... दरवाजे पर मोबाइल के बजने की आवाज शायद फहमीदा के कानों में भी जा चुकी थी... उसने झट दरवाजा खोल दिया...

अरे... इतनी जल्दी आप आ गए... मैं बार-बार यही पूछने के लिए फोन कर रही थी कि कब तक आइएगा... बारिश तेज है... ओले भी पड़ रहे हैं... हो सके तो वहीं रूक जाइएगा...

फहमीदा की बातों को अनसुना करते हुए वजीर ने कहा- अभी तक जाग रही हो...

कैसे सो जाती... आपकी फिक्र लगी थी... दसियों बार फोन किया... लेकिन आपने नहीं उठाया... आपका बेटा भी जगा हुआ है अब तक...

ओह सॉरी, मैंने तो मोबाइल की रिंग अभी सुनी... वजीर झुककर अपने जूते उतारने लगा...

वजीर के झुकते ही फहमीदा की नजर वजीर के सिर पर गई- या खुदा... ओलों ने आपके सिर का क्या हाल कर दिया है... ओह, आपको पता भी है... जगह-जगह गूमड़ उभर आए हैं... उनसे खून भी रिस रहा है... वह जल्दी से उठी और आलमारी से डिटॉल और रूई निकाल लाई थी।

कहां-कहां डिटॉल लगाओगी फहमीदा... रहने दो... डिटॉल से ये गूमड़ नहीं भरने वाले... पूरी जिंदगी ही इस तरह के गूमड़ों से भरी पड़ी है... गूमड़ भी, गांठ भी...

आप तो चुप ही रहिए... जबरदस्ती डिटॉल लगाते हुए फहमीदा बड़बड़ाने लगी थी- उसका ध्यान इस बात पर नहीं था कि वजीर क्या बोल रहा है... उसका पूरा ध्यान तो उन गूमड़ों पर लगा था, जो जाते समय सिर पर नहीं उगे थे....

वह बड़बड़ाए जा रही थी- इतनी बारिश में आने की जरूरत ही क्या थी? पता नहीं क्या सोचते रहते हैं... कहां ध्यान रहता है... वहां से निकल भी आए थे तो रास्ते में कहीं रुक जाते... बारिश नहीं तो कम से कम ओले रूकने का इंतजार कर लेते... लेकिन नहीं साहब को तो बहादुरी दिखाने का शौक चढ़ा रहता है हरदम... एक रात वहां रुक ही जाते तो क्या कयामत आ जाती...

हां, फहमीदा आज कयामत की ही तो रात है... वजीर की आवाज बहुत दूर से आ रही थी।

तभी पांच साल का दानिश बिस्तर से निकल फुदकता हुआ आया- अब्बू आपको चोट लग गई है... बहुत दर्द हो लहा है... लुकिए अभी लाफ्टर थेलेपी से आपका ईलाज कलता हूं... अपने डॉक्टर किट से आला निकाल कर वह अपने अब्बू का चेकअप करने लगा।

# पानीदार...

यूं तो दिल्ली के ज्यादातर इलाकों की तरह इस इलाके में भी बिजली-पानी की स्थिति अच्छी ही है और जिस इलाके की बात हो रही है, वहां की हालत भी कोई अलग नहीं है, बल्कि इस इलाके की एक खास बात यह भी है कि सरकार गंगाजल पिलाती है। इस इलाके में सप्लाई के पानी में गंगाजल भी आता है। लेकिन बारिश-पानी को इस इलाके की गलियां क्या, सड़कें भी नहीं झेल पाती हैं। कोढ़ में खाज ये कि इस बार बरसात में इंद्र देवता भी खूब बरसे। इतनी बारिश... इतनी बारिश... कि पूरा इलाका विकास के नाम पर बनने वाले बांधों की चपेट में आकर डूब जाने वाले गांवों की तरह हो गया।

हां, तो यह बताते चलें कि इस इलाके में देश के विभिन्न हिस्सों से आये प्रवासी मजदूरों की तादाद ज्यादा है, जो किसी तरह इस गंदी बस्ती में सीलन भरे कमरों में अपनी जिंदगी गुजारते हैं, जिनका दिल्ली के वोटर लिस्ट में नाम भी नहीं है। लेकिन इस बारिश ने उनका जीना मुहाल कर रखा है। सड़कें तक पानी से भर गई हैं और पानी है कि निकलने का नाम ही नहीं ले रहा है। इस इलाके के ड्रेनेज सिस्टम का हाल तो दिल्ली के दूसरे इलाकों से भी ज्यादा बदतर है। इसलिए इलाके में पानी काफी दिनों तक भरा रह गया। पानी भरा रह गया, तो बीमारियों ने भी पूरी दिल्ली छोड़कर यहीं डेरा-डंडा जमा लिया।

बीमारी, कुपोण के साथ रहने की आदत तो इन मजदूरों को बचपन से पड़ जाती है, लेकिन पानी के बिना रहने के अभी अभ्यस्त नहीं हुए हैं ये लोग। गांवों में नहर, कुआं, नदियों की वजह से इन्हें पानी की किल्लत नहीं झेलनी पड़ती थी, सो यह एक नया अनुभव था और उसके लिए वे लोग तैयार नहीं थे।

पूरे इलाके में हाहाकार मच गया, ड्रेनेज सिस्टम जाम हो गया है। कमर तक पूरे इलाके में पानी फैल गया। कोढ़ में खाज यह कि अंग्रेजों के जमाने के बने पाइप लाइन से ही अभी तक पानी सप्लाई का काम लिया जा रहा था, जिसमें

कहीं लीकेज हो गया। इसलिए नाले के पानी से भरे इस इलाके में पीने का पानी आना भी बंद हो गया।

सीलन भरे किराये के रूमों में चलती जिंदगी पर पानी की दोतरफा मार पड़ी थी। एक तरफ तो पीने के पानी के लिए वे कलप रहे थे, दूसरी तरफ किसी-किसी के रूम में भी गंदे नाली का पानी आ घुसा था।

मकान मालिकों को तो इन सब समस्याओं से कोई लेना-देना था नहीं। उनके अपने घरों में बोरिंग लगा हुआ था। लेकिन ये मजदूर क्या करें, मकान मालिक को कह-कह कर थक-हार चुके थे। उन्हें तो बस किराये से मतलब होता है। वह मिलता रहे तो किरायेदार चिल्लाता रहे, वे एक भी सुविधा मुहैया कराने के पक्ष में नहीं रहते। दूसरी तरफ मजदूरों के पास दो वक्त की रोटी का ही जुगाड़ इतना मुश्किल होता है कि वे अपने पैसे से मकान में बोरिंग करा नहीं सकते।

...तो, घरों में पानी आना बंद हो गया। रुप्पन, बब्बन, सुखिया, दुखिया, महेंद्र सब परेशान हैं। तीन दिन तक तो किसी तरह वैसे लोगों से मदद मांगी, जिनका यहां अपना घर था। जिनके घर में बोरिंग था, उनलोगों ने हजार-हजार एहसान लादते हुए उन्हें पानी दिया। इसके बदले में इन लोगों ने उनकी काफी आजिजी-मिन्नत की, उनका बाजार-हाट के साथ और भी बहुत सारा काम कर दिया।

इतना मान-सम्मान मिलने के बाद भी कितने दिन पानी देते वे... किसी को पानी देना तो बहुत बूते की बात है। हंसी-ठट्ठा तो है नहीं। बिजली का बिल दोगुना-तिगुना बढ़ जाने की आशंका थी। इसके अलावा पानी से 'घर... और घर में' किच-किच होने लगा था। मजदूरों की भीड़ उनके द्वार से हटती ही नहीं थी। और यह दिल्ली थी, गांव तो था नहीं कि द्वार पर आदमी का जुटना शान की बात मानी जाती। द्वार पर आदमी जुटने से काफी शोर-गुल होता। इस भीड़ से 'पानी' मालिकों के बच्चों की पढ़ाई बाधित होने लगी।

इसके बाद तो मोहल्ले में हड़कंप मच गया। लोगों ने काम पर जाना छोड़कर पानी के लिए हंगामा करना शुरू कर दिया। दो-तीन दिन बीतते-बीतते मोहल्ले से शुरू हुई 'पानी' की सुगबुगाहट मोहल्ले से बाहर निकलने लगी। ये मजदूर तो होते ही बेसब्र हैं। सो पानी के लिए हो-हल्ला मचाना शुरू कर दिया। बात इलाके के प्रधान तक जा पहुंची। फिर क्या था, उनका जनता प्रेम जाग उठा। उनको लगा कि इसी बहाने पार्लियामेंट में जाने का उनका सपना पूरा हो जाएगा। इसलिए वह मजदूरों का जत्था बनाकर धरना-प्रदर्शन की योजना बनाने लगे। वैसे तो उस इलाके की आबादी वैध रूप से लगभग 4000 के आस-पास थी। लेकिन

अवैध रूप से कितनी इसका तो पता नहीं, क्योंकि सरकार इसका पता न तो अभी तक की किसी जनगणना में लगा पाई है और न किसी दूसरी तरह से ही इसका पता चल पाया है। लेकिन जैसे ही क्षेत्र के विधायक जी को मजदूरों के धरना-प्रदर्शन की योजना का पता चला, तो वह भी सक्रिय हो गये। उन्हें यह डर सताने लगा कि कि भले ही इन मजदूरों का वोटर लिस्ट में नाम न हो, लेकिन विपक्षी धरना-प्रदर्शन से पूरी दिल्ली में ऐसी हवा बना देंगे कि लगेगा कि चारों तरफ कुव्यवस्था ही कुव्यवस्था है। इसलिए वह पहल अपने हाथ में लेकर इन मजदूरों को समझा-बुझा लेना चाहते थे। लेकिन विधायक जी के लिए मामला इतना आसान भी नहीं था, क्योंकि वहां का सांसद विपक्षी दल का था। संयोग से जब इस इलाके में पानी आना बंद हुआ तो उस वक्त संसद का मानसून सत्र चल रहा था। तुरत-फुरत में उसने यह मामला संसद में उठा दिया और अपने ही दल के एक विधायक से मामले को विधानसभा में भी उठवा दिया। साथ ही संसद में संक्षिप्त, लेकिन जोरदार तकरीर दे डाली। इस पानी के संकट को राष्ट्रीय आपदा घोषित करते हुए पानी को राष्ट्रीय संपत्ति बनाने की मांग कर डाली।

इस मुद्दे पर पूरा विपक्ष एक होकर सरकार पर हमले में लगा ही था। चूंकि उस इलाके में अब भी पानी लगा हुआ था, इसलिए उसने संसद भवन और विधानसभा के बाहर धरना, प्रदर्शन और सभाएं कर डाली। इसकी एक वजह यह भी थी कि उस इलाके में धरना, प्रदर्शन और सभा करने से पूरे देश भर का ध्यान पानी के संकट जैसे गंभीर मुद्दे पर नहीं जाता। वैसे तो उस इलाके में पानी भरे होने की वजह से साफ-सुथरे कपड़ों वाले नेताओं के लिए वहां धरना-प्रदर्शन की गुंजाइश भी नहीं थी।

पानी में रंग चढ़ता देखकर कुछ समाजसेवी संगठन भी सामने आ गए। जलसंकट पर सेमिनारों की झड़ी लगा दी। जनजागरूकता अभियान चलने लगे। मॉडलों को हायर कर उन्हें पानी के रंग के कपड़े पहनाकर पानी का महत्व बताने के लिए सिर्फ उस इलाके को छोड़कर, जहां पानी लगा था, पूरी दिल्ली में एक पानी यात्रा निकाल डाली। पानी के रंग के कपड़े में मॉडलों की इस शोभायात्रा को देखने के लिए उमड़ती भीड़ से प्रभावित होकर वे अब इसे पूरे देश में भी निकालने के बारे में विचार करने लगे।

सत्ता के गलियारों से लेकर विपक्ष के हंगामों तक और मीडिया के टीवी चैनलों से लेकर पत्र-पत्रिकाओं तक हर जगह पानी का मुद्दा पूरे उफान पर था।

पांच दिन तक इस मुद्दे के गर्म रहने के बाद भी उस इलाके में कोई खास प्रगति नहीं हुई। पांच दिन बाढ़-सा नजारा उत्पन्न करने वाला यह बारिश का

पानी खुद ही फुस्स हो गया। उसके बाद सरकार भी हरकत में आयी। युद्ध स्तर पर पानी के पाइप के लीकेज को बंद करने का काम चालू हो गया। एमसीडी ने सरकार को सूचना दी कि आजादी के पहले का पाइप डाला हुआ है। वह पूरी तरह से गल चुका है। पूरी पाइप ही बदलनी होगी। तुरत-फुरत में बैठक बैठी। तय हुआ कि जब आजादी के पहले की व्यवस्था अबतक नहीं बदली, तो इतनी जल्दी पाइप कैसे बदलेगी। अब क्या किया जाए... अब क्या किया जाए? इस आपदा से निबटने के लिए केंद्र के निर्देश पर राज्य सरकार ने आपात बैठक बुलाई और तय किया कि उस इलाके में जब तक पानी का पाइप बन नहीं जाता तब तक पानी के टैंकर को दिन में तीन बार भेजा जाए।

x x x

उधर उस इलाके में...

जहां कल तक पानी नहीं होने से त्राहि-त्राहि मची थी। आज सन्नाटा छाया हुआ है। सन्नाटे और कीचड़ से अंटे इस इलाके के एक घर में मुर्दनी-सी छाई हुई है। कोई 10-12 लोग बड़ी मुश्किल से इस घर में अंटे खड़े हैं। कीचड़ की वजह से इस घर में पांव तक जमाने में मुश्किल हो रही है। सीलन और बदबू से इस घर का यह एकलौता कमरा भभक रहा है। दिन के ग्यारह बजे हैं। लेकिन इतना अंधेरा कमरा है कि सौ वॉट का बल्ब भी इसे प्रकाशमान नहीं कर पा रहा है। एक खटिया पर पैंसठ-सत्तर साल की एक बुढ़िया लेटी पड़ी है। सिर पर लाल निशान की एक हल्की-सी पपड़ी दिख रही है। उसके सिरहाने एक पैंतालिस-पचास साल का आदमी चुपचाप सिर झुकाये बैठा है। एक बूढ़ा आदमी उस बूढ़ी के सिरहाने बैठे आदमी के सिर पर दुलार से हाथ फेर रहा है।

इस दुलार को वह सह नहीं पा रहा है। वह फूट पड़ता है।

फूटा, तो फूटता चला गया- अबहिएं तो आई थी हमरी माई... कवनो दस दिन हुआ रहा। एक महीना पहलहीं तो एक दिन हम मोबाइल पर उनका से बात किये रहे। माई हमार गंगा किनारे की है ना। हमलोग का गांव उजियार पड़ता है। जब हम उनका बताये रहे कि इहां दिल्ली में भी गांवे जइसन गंगाजल आता है। सरकार इहां गंगाजल परियोजना चलाती है, जेकरा में हमलोग को सप्लाई के पानी के रूप में गंगाजल देती है, तभिए से ऊ बड़ा जोर किये रहीं कि हमको भी ले चलो अपने साथ। इहां हमको कोई देखे वाला नहीं है। हम तो अपनी हालत जानते रहे। इसलिए उसको टालते रहे। हम इहां राष्ट्रमंडल खेल खातिर आवे वाला बाबूलोग को डेंगू ना होवे इसलिए गड्ढा से पानी निकाल के उसमें मिट्टी भर के दवाई डालते रहे अउर एही अंधेरा कमरा को घर बूझ के रहते रहे। ऐसे में

माई को कैसे बुलाते। ओतने में हमहीं को एक दिन डेंगू होई गया। बस माई को कहीं से मालूम पड़ गया अउर ऊ गांव के एगो लइका को ले के आ गई। उनके आवे के चार-पांच दिन तक तो सब ठीके रहा। सप्लाई के पानी में गंगाजल को देख-देख माई बहुत खुश होती रही... कहती रही कि बिटवा हमार उमिर सत्तर बरिस होई गया। अब न जाने कब भगवान बुला लेवे। हम ई सोच-सोच के उहां बहुत परेशान रहत रहें कि आखिरी सांस लेवे बेरा हमरा गंगोजल नसीब ना होई का। तू तो इहां है बेटा। बहुरानी जो मायके जाके बइठ गई है तो आवे का नामे ना लेवे है। हमरा के अकेले ऊ घर काटत रहे। लागत रहे कि कब जांगर साथ छोड़ दीही अउर हम गिर पड़ब। केहू के मालूमो ना होई अउर हम...

चुप माई... हमेशा उलटा-सुलटा ना बोले के चाहीं। हमरो उमिर तोहरा लाग जाई।

माई कहती, बेटा अबहीं तोहरा बहुत दिन जिये के बा। नाती-पोता खेलावे के बा। हमार तो सब साध पूरा हो गया। बस एकही इच्छा है कि आखिरी सांस लेवे से पहिले गंगाजल हमार हलक पार कर जाता त हमरा परलोको सुधर जाता। दिल्ली एही से हम तुमरा पास ना आवत रहें कि इहां हमरा मरे टैम गंगाजल नसीब ना हो पाई। अब जब सुने की तुमरा तबीयत खराब है, तो हमरा से रहा ना गया अउर जब इहां भी गंगाजल आता ही है, तो फिर फिकिर काहे का?

लेकिन पता नहीं माई के खुशी के केका नजर लग गया। ई बारिश मुआं खाली गंगेजल ना ले के गया। पूरे मोहल्ले से पूरा पानी ले गया। आज पांच दिन बाद पानी का टैंकर आया रहा। मोहल्ले के लोग केतना खुश रहे तो ई... अउर ऊ भोकार पार-पार के रो पड़ा।

वह बूढ़ा आदमी फिर उसका सिर सहलाने लगा।

x x x

वहां खड़े लोग धीमी आवाज में आपस में बात कर रहे थे। आज सुबह जब जल बोर्ड का टैंकर पानी लेकर आया तो यहां जश्न का माहौल था। पांच दिनों से लोग किसी तरह बिना पानी के ही काम चला रहे थे। जैसे ही पता चला की पानी का टैंकर आया है, सब लोग रोड की तरफ भागे, जिधर टैंकर खड़ा था। सबके हाथों में जितना हो सकता था, उससे भी ज्यादा बरतन था। हर कोई समझ रहा था कि सबसे पहले उसे ही पता चला है। सब उसैन बोल्ट को मात देने वाली रफ्तार से टैंकर की तरफ भाग रहे थे। लेकिन जो भी वहां पहुंचा, उसे सचमुच भारत में बहुत तेजी से हो रहे जनसंख्या विस्फोट का पता चला और

इस वह गूढ़ रहस्य को भी जान गया कि इस पर रोक लगाने की बहुत जरूरत है। यानी अगर वह सबसे पीछे नहीं था, तब भी इतना पीछे जरूर था कि पानी लेने का उसका नंबर आने तक कम से कम उसे दो घंटे लग जाने थे। माई भी भागी थी पानी लेने। चूंकि उसका बेटा डेंगू होने के बाद से ही इतना लागर हो गया था कि अब वह मच्छर के काटने पर भी हाथ उठाकर मच्छर नहीं भगा पाता था। इसीलिए उसकी जगह पानी लेने उसकी माई गयी थी। पांच दिन से प्यासे इलाके में जहां पानी का नाम ही सुनकर लोग दौड़ पड़ने को तैयार थे, वहां पानी लेने जाना भी सच में बहुत पानी का काम था। माई अपनी समझ से भागी, तो सौ मीटर की दौड़ वाली रफ्तार से ही थी, लेकिन बुढ़ापा उसके आड़े आ गया। वह किसी तरह पूरा दम लगाकर पानी के टैंकर तक जा पहुंची। पांच दिन बाद रोड पर से पानी निकलने के चलते रोड पर कीचड़-कादो, फिसलन तो पहले से ही था, साथ में टैंकर से बहने वाले पानी ने जवान लोगों के भी पैर उखाड़ रखे थे। माई की हड्डी तो वैसे भी काफी पुरानी हो चुकी थी, इसलिए उनके लिए इस फिसलन भरी सड़क पर पांव जमाना आसान नहीं था। पूरे बरतन समेत वह रोड पर ही उलट गयीं। बाल्टी उनके सिर से जा लगी, ठक... उनका माथा फट गया। मुंह से निकला- हाय राम। लेकिन लोगों पर पानी की मार ऐसी पड़ी थी कि किसी ने पानी की लाइन से निकल कर माई को उठाने की जहमत तक नहीं की। और जो लोग लाइन में नहीं थे, उन्हें लाइन में लगने की इतनी जल्दी थी कि उन्हें गिरी हुई माई दिखी ही नहीं। सब लोग लाइन में लगे-लगे ही चिल्ला रहे थे, अरे देखो उस बुढ़िया को कोई उठाओ। कुछ बूढ़े लोग लाइन में लगे-लगे ही रांड रुदन कर रहे थे- क्या जमाना आ गया है, हमारे जमाने में कोई आदमी इस तरह गिर गया होता तो लोग-बाग तुरत उसे उठा दिया करते थे।

आखिरकार, पानी लेकर लाइन से निकले कुछ लोगों ने पहचाना कि अरे यह तो बब्बन की माई है और उसे उठा कर उनके बेटे के पास ले गये। गंगाजल बनी उसके बेटे की आंखों से गिरता पानी मां के चेहरे पर टप-टप गिर रहा था। वह बुक्का फाड़-फाड़ कर रो रहा था- माई हम केतना बड़ नालायक रहे कि आखिरी वक्त में तुमको गंगाजल क्या, पानी भी ना पिलाये पाये। घर में एक बूंद पानी नहीं था माई।

x x x

दिल्ली में सत्ता के गलियारों में जश्न का माहौल था। सत्ता पक्ष के नेताओं का कहना था कि उन्होंने त्वरित गति से कार्रवाई करते हुए विपक्ष को बेपानी करके

रख दिया, तो विपक्ष कह रहा था कि हमने तुम्हारा पानी रहने ही कहां दिया। शाम की पेज थ्री पार्टी में भोज-भात का मजा लेते दोनों दलों के नेता कुछ इसी तरह का मजाक एक-दूसरे से करते पार्टी का मजा ले रहे थे।

x x x

भोज-भात तो दूसरी तरफ भी चल रहा था। बब्बन कर्ज लेकर अपनी माई का श्राद्ध कर रहा था। भोज में लड्डू का स्वाद लेते मजदूर कह रहे थे, बड़ी पुण्यात्मा थी बब्बन की माई। अंतिम समय में भी मुंह से राम नाम ही निकला। सीधे स्वर्ग जाएंगी।

□□